經十有三年春叔弓帥師圍費〔不書南蒯以費叛不以告廟　費音秘〕○夏四月楚公子比自晉歸于楚弒其君虔于乾谿〔比以歸書而不送書弒而反書弒比雖脅立而弒靈王故稱比弒比又不在乾谿而書弒者比爲首謀而反書弒臣以罪君靈王雖死猶在五月又不在五月比不在故本其始禍而稱弒虔楚靈王名也〕○楚公子棄疾殺公子比〔比爲君未列於諸侯故其稱國以殺罪累及比此雖爲君本苦勞苦〕○秋公會劉子晉侯齊侯宋公衛侯鄭伯曹伯莒子邾子滕子薛伯杞伯小邾子于平丘〔平丘在陳留長垣縣西南〕○八月甲戌同盟于平丘〔書同盟齊服故〕○公不與盟〔弱魯不挈晉求諱惡也公不與盟晉人所恥不言公弘多公不與盟無與盟非也〕○晉人執季孫意如以歸〔稱人以執季孫罪也歸于京師故書歸〕○公至自會〔蔡〕○蔡侯廬歸于蔡〔歸而後以禮葬之蔡復而後以　廬音力居切〕○陳侯吳歸于陳〔皆受封爵諸侯故稱爵而言歸〕○冬十月葬蔡靈公〔蔡君禮葬蔡之〕○公如晉至河乃復〔晉人辭公〕○吳滅州來〔州來楚邑用師曰滅〕

其滅州來〔州來楚邑用師曰滅〕

傳十三年春叔弓圍費弗克敗焉〔爲費人所敗平子怒令見費人執之以爲囚俘冶區夫曰非也若見費人寒者衣之飢者食之爲之令主而共其乏困費來如歸南氏亡矣民將叛之誰與居邑若憚之以威懼之以怒民疾而叛爲之聚也若諸侯皆然費人無歸不親南氏將焉入矣平子從之費人叛南氏〔費叛南氏在明年傳〕楚子之爲令尹也殺大司馬蔿掩而取其室及即位奪蔿居田蔿洩居田遷許而質許圍蔡洧有寵於王王奪鬬韋龜中犫又奪成然邑而使爲郊尹蔓成然故事蔡公故蔡公...

王使與於守國而行〔使有守國〕使蔡洧有寵於王王奪鬬韋龜中犫又奪成然邑而使爲郊尹蔓成然故事蔡公故蔡公...

會越太夫戮焉又奪成然邑而使爲郊尹...公奪蔡公...

與許圍、蔡洧、蔓成然，皆王所不禮也。因羣喪職之族，啟越大夫常壽過作亂，圍固城，克息舟，城而居之。觀起之死也，其子從在蔡，事朝吳，曰：「今不封蔡，蔡不封矣，我請試之。」以蔡公之命召子干、子晳，及郊，而告之情，彊與之盟，入襲蔡。蔡公將食，見之而逃。觀從使子干食，坎用牲，加書，而速行。己徇於蔡曰：「蔡公召二子，將納之，與之盟而遣之矣，將師而殺余，余何益於之。」乃釋之。

蔡人聚，將執之。辭曰：「失賊成軍而殺余，何益？」乃釋之。朝吳曰：「二三子若能死亡，則如違之，以待所濟；若求安定，則如與之，以濟所欲。且違上何適而可也？」眾曰：「與之。」乃奉蔡公，召二子而盟于鄧，依陳、蔡人以國。

楚公子棄疾、蔡蔓成然、朝吳帥陳、蔡、不羹、許、葉之師，因四族之徒以入楚。及郊，陳、蔡欲為名，故請為武軍。蔡公知之，曰：「欲速且役病，請藩而已。」乃藩為軍。蔡公使須務牟與史猈先入，因正僕人殺大子祿及公子罷敵。公子比為王，公子黑肱為令尹，次于魚陂。公子棄疾為司馬，先除王宮，使觀從從師于乾谿，而遂告之，且曰：「先歸復所，後者劓。」師及訾梁而潰。

王聞羣公子之死也，自投于車，曰：「人之愛其子也，亦如余乎？」侍者曰：「甚焉。小人老而無子，知擠于溝壑矣。」王曰：「余殺人子多矣，不能無及此。」

能無又此乎右尹子革曰請待于郊以聽國人之所欲與王曰衆

怒不可犯也曰君入於大都而乞師於諸侯王曰皆叛矣曰若

亡於諸侯以聽大國之圖君也王曰大福不再祗取辱焉然丹

刀歸于楚然丹歸楚支王㳄夏將欲入鄢夏漢別名溠水南至鄢爲

王泍夏將欲入鄢夏漢別名溠水南至鄢爲

王命謂斷王旌執人於章官徐羽于付王弗誅惠執大爲君不

可忍惠不可棄吾其從王乃求王遇諸棘闈以歸棘里名闈孔

殺棄疾雖得國猶受禍也申亥以其二女殉而葬之觀從謂子

國人大驚使蔓成然走告子干子晳曰王至矣王至矣

人殺君司馬將來矣司馬謂棄疾也言君若早自圖也可以

無辱衆怒如水火焉不可爲謀又有呼而走至者曰衆至矣二

子皆自殺丙辰棄疾即位名曰熊居葬子干于

訾實訾敖皆不成君無號謚者楚子

而葬之以靖國人使子旗爲令尹蔓成然音其○楚師還自

徐徐之師其人敗諸豫章獲其五師二年楚人見人戍於豫章而潛

人殺君司馬將來矣

佐開卜乃使爲卜尹於枝如子躬聘於鄭且致犫櫟之先

從王曰唯爾所欲觀從徙子干于午平王封陳蔡復遷邑九復

切下復鄭人請曰聞諸道路將命寡君以雙璧敢請命對曰臣

未聞命既復王問犪襟降服而對

之致也王執其手曰子毋勤姑歸不穀有事其告子也

他年芉尹申亥以王枢告乃改葬之

初靈王卜曰余尚得天下不吉投龜詬天而呼曰是區區者而不余

畀余必自取之民患王之無厭也故從亂如歸

初共王無冢適有寵子五人無適立焉

乃大有事于羣望而祈曰請神擇於五人者使主社稷

乃遍以璧見於羣望曰當璧而拜者神所立也誰敢違之

既乃與巴姬密埋璧於大室之庭使五人齊而長入拜

康王跨之靈王肘加焉子干子皙皆

遠之平王弱抱而入再拜皆厭紐

鬭韋龜屬成然焉且曰棄禮

違命楚其危哉

子干歸韓宣子問於叔向曰子干其濟乎對曰難

對曰無與同好誰與同惡取國有五難

好惡不同好則不得與同惡則須同惡

有寵而無人一也

有人而無主二也

有主而無謀三也

有謀而無民四也

有民而無德五也

子干在晉十三年矣晉楚之從不聞達者可謂無人

族盡親叛可謂無主

無釁而動可謂無謀

為羈終世可謂無民

亡無愛徵可謂無德

王虐而不忌

楚君子干涉五難以弒

舊君誰能濟之

有楚國者其棄疾乎君陳蔡

城外屬焉

苛慝不作盜賊伏隱私欲不違

民無怨心先神命之國民信

之芊姓有亂必季實立楚之常也逆神一也當璧拜

也民信令德三也無苟寵貴四也

以去五難誰能害之其官則

以神所命則又遠之其貴亡矣

寵棄矣

齊桓晉文不亦是乎

犯以為腹心

二十九年守志彌篤惠懷棄民不恤

於子干共有寵子國有奧主

親民無異望

援於外去晉而不送歸楚而不逆何以異國

為取鄭故取鄭

晉成虖祁

武威

可以不示威

乃並徵會告于吳秋晉侯會吳子于良

遂合諸侯于平丘子產子大叔相鄭伯以會

南甲車四千乘

縣下邳有良城水道不可呉人辭乃還

行帳幕軍旅之帳莫四合象宮室曰幄在上曰幕

四十既而悔之每

含損焉及會亦如之｜亦九強也〔之適宜大叔之從善也〕次于衛地叔鮒求貨

於衛淫芻蕘者〔欲使衛惠之而致貨也如邊切致貨如字〕衛人使

屠伯饋叔向羹與一篋錦〔屠伯廚帥姓也屠伯曰牛羊曰薪曰芻衛人使〕敢攜貳況衛在君之宇下〔宇屋宇也近宇之下〕而敢有異志芻蕘者異於

他日敢請之〔瀆數也瀆徒木切〕叔向受羹反錦其意且非不迎曰晉有羊舌鮒

者瀆貨無厭〔瀆徒木切瀆慢也〕之請止叔向受羹反錦其意且非不迎曰晉有羊舌鮒

齊人不盟若之何對曰盟以厎信〔厎致也厎音旨劉獻公士劉子〕君苟有信諸侯不貳

將尋盟齊人不可〔有貳心故貳其已客從之未退而禁之其之競也晉人〕君命賜之其已客從之未退而禁之其之競也

何患焉為告之以文辭董之以武〔董齊之以文辭雖齊不許君庸多矣董督也〕師以先啟行� 老元戎十乘以先啟行

天子之老請帥王賦元戎十乘以先啟行〔天子大夫稱老元戎戎車在前者啟道也〕叔向告于齊曰諸侯求盟已

戎車在前者啟道也開也行道也〔戎功多也〕遲速唯君欲從齊君討齊

在此矣今君弗利寡君以為請對曰諸侯討貳則有尋盟若皆

用命何盟之尋〔以拒晉命〕叔向曰國家之敗有事而無業事則不

經之業〔有業而無禮經則不序有次序〕有禮而無威序則不

共禮須威嚴〔有威而不昭共則不明而後威須昭告神明〕不明棄共

百事不然所由傾覆也〔信義著明棄威無禮無業故不信義不明棄共〕不明棄共則不

故明王之制使諸侯歲聘以志業〔志識也歲聘間朝以講禮〕朝以講禮

而〔朝正班爵之義率長幼十二年而一盟所以昭信義也凡〕再會而盟以顯昭明〔朝以昭信義也方蘇之八〕

之序〔間廟之間丁大夫四朝再會王一巡守之則于〕再會而盟以顯昭明〔朝以昭信義守盟于方蘇之八〕

神盟〔音岳呼報也〕自古以來未之或失也存亡之道恒由是興〔會盟昭明於眾也昭明於〕

王先公舊禮盟〔懼有不給奉齊犧性如舊如字〕懼有不給奉齊犧性〔與晉禮主盟先侯〕

君求終事也〔終竟君曰余必廢之何齊之有唯君圖之寡君聞〕君圖之寡君聞

命矣齊人懼對曰小國言之大國制之敢不聽從既聞命矣

共以往遲速唯君叔向曰諸侯有間矣不可以不示眾八

壬申復旆之諸
侯畏之旆建而不旆旆游貝切
月辛未治兵建而不旆斾以游貝切
幕襄之蒙音果也果
關之不戌為國圉之爭下爭競同
陵不戌為國圉之爭下爭競同
貳偷之不暇何暇計偷切
諸侯若討其可瀆乎瀆平
將在今矣自至于昏晉人許之既盟子大叔各之曰
以得罪也諸侯修盟存小國也貢獻無極亡可待也存亡之制
理之命問者迎所使人通聘小國有闕所
之貢列尊貢重周之制也公侯地廣故
列位懼弗給也敢以為請諸侯靖兵好以為事
鄭伯男也而使從公侯之貢爵子男不應行
甸服謂天子畿內共職貢者
止之使待明日及夕子產聞其未張也使速往乃無所張矣
每事敬於大夫及盟子產爭承之次貢賦以
滿也傳言子產爭承昔天子班貢輕重以
慮切癸酉退朝先盟朝晉子產命外僕速張於除
昌切
丘齊服也所以今諸侯曰中造于除報切
以無道行之必可畏也況其率道其何敵之有牛雖瘠僨於豚
上其畏不死問僨仆也在亦切方南蒯子仲之憂其庸可棄
乎若奉晉之衆用諸侯之師因邾莒杞鄫之怒以討魯罪間其二憂子仲二
相惡鄭已滅其民猶存故國并以小事
魯才陵附近之近以討魯罪間其二憂子仲南蒯
憂為陳陳之師
公之後亦唯君寡君聞命矣叔向曰諸侯有甲車四千乘在雖
來辭曰諸侯將以甲戌盟君將不得事君矣請君無勤以謙辭
子服惠伯對曰君信蠻夷之訴以絕兄弟之國棄周
我之不共魯故之以不共魯故恭下同
伐我幾亡矣晉人信之所謂說惠弘多
祈我之不共魯故之以
使狄人守之司鐸射食魯大夫待伯切又食夜切
晉人執季孫意如以懷錦
國不競亦陵何國之為不競人所侵
子產曰晉政多門政不出一家不
公不與盟從欲討魯故
晉侯不見公使叔向
邾人莒人愬于晉曰魯朝夕

奉壺飲冰以蒲伏焉守者御之刃與之錦而入

未知其罪合諸侯而執其老

滅陳蔡不能救而為夷執親將焉用之刃歸季孫惠伯曰寡君

棄之使事齊楚其何瘳於晉

晉何以不如夷之小國魯兄弟也土地猶大所命能具若為夷

請伐吳王弗許曰吾未撫民人未事鬼神未脩守備未定國家

使士景伯辭公于河

諸侯相朝講舊好也執其卿而朝其君有不好焉不如辭之

之子吳歸于陳禮也

縣即防國隱大子之子盧歸于蔡禮也盧蔡

滅蔡也靈王遷許胡沈道房申於荊焉平王即位既封陳蔡而

邊且不脩備○鮮虞人聞晉師之悉起也

無為為善矣唯夫子知我仲尼謂子產於是行也足

以為國基矣詩曰樂只君子邦家之基子產君子之求樂者也

吏之子皮子產歸未至聞子皮卒曰吾已

也死晉君曰無罪而惠免之諸侯不聞是逃命也何免之為請

從君惠於會遣欲得盟會見宣子惠之謂叔向曰子能歸季孫也得罪乎

對曰不能鮒也能魚宜子宜林上尸切巨夷切為瘭疾

於晉君自歸於魯君雖獲歸骨於晉猶子則肉之敢不盡情歸子

而不歸鮒也聞諸吏將為子除館於西河其若之

何且泣泣其言以信平子懼先歸惠伯待禮之遣

經十有四年春意如至自晉算己也以舍族為算晉罪

己禮也不責人○夏四月無傳○秋葬曹武公

傳十有四年春意如至自晉算己也以舍族為算晉罪

南蒯家臣為瘭疾使請於南蒯曰臣願受盟而疾與君

○冬莒殺其公子意恢書意○八月莒子去疾卒○三月曹伯滕卒

鳥路切 同盟

己禮也○南蒯之將叛也盟費人司徒老祁慮癸

請朝衆而盟遂劫南蒯曰羣臣不忘其君欲

畏子以及今三年聽命矣子若弗圖費人不忍其君將不能畏

子矣子何所不逞欲請送子出奔請期五日

五日南蒯齊侍飲酒於景公公曰叛夫對曰臣欲

然丹簡上國之兵於宗立且撫其民

張公室也張彊子韓皙曰家臣而欲張公室罪莫大

地分貧振窮齊侯使鮑文子致之夏楚子使

為言越司徒老祁慮癸來歸費齊侯使長孤幼養老疾收介特

收聚不使流散救災患宥孤寡禮新敘舊

庚詰姦慝舉淹滯有才德者

魯國晉不爲虐邢侯之獄言其貪也以正刑書晉且不爲顏三言
義也夫可謂直矣歸魯季孫稱其詐也能言詐以寬
三數叔魚之惡不爲末減也謂其贓以寬
魚於市仲尼曰叔向古之遺直也治國制刑不隱於親
賊殺皆書死刑也請從之刀施刑侯而尸雍子與叔
官爲墨又字必邁尺證如墨不隸之稱也殺人不忌爲賊夏書曰昏墨
專殺其罪一也己惡而掠美爲昏貪以敗
生戮死可也施行其罪也雍子自知其罪而賂以買直鮒也鬻獄邢侯
殺叔魚與雍子於朝宣子問其罪叔向曰三人同罪施
其女於叔魚叔魚蔽罪邢侯邢侯怒殺叔魚與雍子於朝
楚晉理官叔魚攝理景伯韓宣子命斷舊獄罪在雍子雍子納
士景伯

人在二十三
十

十二月蒲餘侯茲夫殺莒公子意恢郊公奔齊公子鐸逆庚與
於齊齊隱黨公子鉏送之有賂焉晉邢侯與雍
子爭鄐田邢侯故楚人許六切又超六切

而滅養氏之族使關辛居郊以無忘舊勳
楚令尹子旗有德於王不知度有寵
郊公惡公子鐸而善於意恢而善於庚與意恢我出君而納庚與許之爲
鳥路國人弗順欲立著公之弟庚與

蒲餘侯惡公子意恢而善於庚與意恢
息民五年而後用師禮也。秋八月莒著丘公卒郊公不慼
召陵作與居著丘公子郊亦如之好於邊疆
魯國晉祿勳合親親九族任良物官使屈罷簡東國之兵於

傳十五年春將禘于武公戒百官禘齊戒祓祓除惽之日
其有咎乎吾見赤黑之祲非祭祥也喪氛也祲妖氛也祥
唯信吳故處諸蔡二三子莫之如也而在其上不亦難乎弗
必及於難夏蔡人逐朝吳朝吳出奔鄭王怒曰余唯信吳故實
諸蔡且後吳不及此女何故去之無極對曰臣豈不欲
欲去之乃謂之曰王唯信子故處子於蔡子亦長矣而在下
〇楚費無極害朝吳之在蔡也
〇酉禘叔弓涖事篇入而卒去樂卒事禮也
〇六月丁巳朔日有食之傳無
于武宮篇入叔弓卒去樂卒事
經十有五年春王正月吳子夷末卒
也夫則以直傷義故重疑之

位辱必求之吾助子請請求上位又謂其上之人蔡人在曰王
乙丑王大子壽卒王子〇秋八月戊寅王穆后崩
蹶如周葬〇晉荀吳帥師伐鮮虞圍鼓鼓陽有鼓聚鉅鹿下曲
鼓人或請以城叛穆子弗許左右曰師徒不勤而可以獲城何
故不為穆子曰吾聞諸叔向曰好惡不愆民知所適事無不濟
城來吾獨何好焉賞所其惡者所好何
是失信也何以庇民力能則進否則退量力而行吾不可以欲

如晉

殺親益榮榮名猶義

城而邇姦所喪滋多使鼓人殺叛人而繕守備圍鼓三月鼓人

或請降使其民見曰猶有食色姑修而城軍吏曰獲城而弗取

勤民而頓兵何以事君穆子曰吾以事君也獲一邑而教民怠

將焉用邑邑以賈怠不如宇舊宇猶保守也必喪宇將焉用之獲一邑而

戶江切見賢遍切賈音古　賈音怠無終也卒也　　市戰切又音秘得免往謝

亦能事吾君率義不爽姦好惡不愆城可獲而民知義所

所在也荀吳必獲其宇　　爽差也卒也　　　鼓人能事其君我

盡而後取之克鼓而反不戮一人以鼓子鳶鞮歸　本又作鳶

悦全切　　　　　　平立會魯公不與盟今故往謝　力狄切鳶音本又

音預　　○十二月晉荀躒如周葬穆后籍談為介既葬除喪以文伯

宴樽以魯壺文伯荀躒也魯所獻壺　　又作樽　　感魯壺而言獻之鎮

伯氏諸侯皆有以鎮撫王室晉獨無有何也撫王室謂貢獻之

物文伯揖籍談籍談不能對對曰諸侯之封也皆受明器於王

室謂明德之分器　　分以鎮撫其社稷故能薦彝器於王彝常也

謂可常寶之器若魯晉居深山戎狄之與鄰而遠於王室王靈

不及拜戎不暇加言王寵靈不見及故數為戎所逼其何以獻器王

日叔氏而忘諸乎叔父唐叔成王之母弟也其反無分乎

密須之鼓與其大路文所以大蒐也密縣文王伐之得其鼓路唐

叔受之以處參虛匡有戎狄之次參沈之次晉所出　開代唐

叔受之以土田奉之以文章明之以文章旌子孫　有績而載於策功

分而何夫有勳而不廢有績而載於書奉之以土田

虎賁文公受之以有南陽之田事在僖二十八年撫征東夏非

不忘所謂福祚之不登叔父焉在言福祚不在叔父當

且昔而高祖孫伯厭晉之典籍以為大政故

曰籍氏孫伯饜悟正卿籍談 九世祖孫伯饜悟晉正卿籍黶於新朾 及辛有之二子董之晉於是乎有
董史 與辛有周人也其二子適晉為大史籍黶其後因為董氏董狐其後也女司典之後也何
故志之籍談不能對賓出王曰籍父其無後乎數典而忘其祖 汝司籍之後故曰籍父其無後乎吾聞之所
樂必卒焉今王樂憂若卒焉可謂終乎王一歲而有三年之 天子絕期唯服三年故后雖期通於三年之喪
喪二焉 謂之三年之喪居其喪 於是乎以喪賓宴又
求彝器樂憂甚矣且非禮也彝器之來嘉功之由非由喪也三
年之喪雖貴遂服禮也 王既葬而除喪故幾在喪當服二禮謂北猶黑諸侯除喪當靜黑而作便宴樂禮王
宴樂以早亦非禮也 樂言今王樂憂而失二禮無大經矣遂服宴樂而設宴樂言以考典
之大經也一動而失二禮無大經矣 遂失二禮謂既葬服又北二十二年王室亂傳
也 考成典以志經忘經而多言舉典將焉用之 楚子誘戎蠻子殺之 王雖弗遂
經十有六年春齊侯伐徐○楚子誘戎蠻子殺之○ 未同○九月大雩 音○夏公
至自晉○秋八月己亥晉侯夷卒 三月而 九月大雩 音季○非汉
孫意如如晉○冬十月葬晉昭公 三月而葬速
傳十六年春王正月公在晉晉人止公不書諱之也 故以取鄭為
晉人所執止 齊侯伐徐楚子聞蠻氏之亂也與蠻子之無質也
故諱不書○之音談 使然丹誘戎蠻子嘉殺之遂取蠻氏既而復立其子
實切或音隤之致 二月丙申齊師至于蒲
馬禮也詐之非也立其子禮也 秋徐人行成徐子
隧也蒲隧徐地 居切如淳取音陪
及鄰人莒人會齊侯盟于蒲隧賂以甲父之鼎 甲父古國名高平昌邑縣東南
有甲父之鼎以略齊圖 叔孫昭子曰諸侯之無伯害哉
切怨退無伯也夫詩曰宗周既滅靡所止戾正大夫離居莫之元也
齊君之無道也與師而伐遠方會之有成而還莫之元也
肆談亂也無息定執政大夫離居民勞者其念民勞者其是之謂
乎之襄晉○三月晉韓起聘于鄭鄭伯享之子產戒 執政者
於朝無無有不共恪孔張後至立於客間

適客後又反之，適縣間，縣樂肆 音玄 客從而笑之。事畢，富子諫曰：夫大國之人，不可不慎也，幾為之笑，而不陵我。我皆有禮夫，猶鄙我，鄙音鄙也 夫音扶 國而無禮，何以求榮。孔張失位，吾子之恥也。 居盖切服音朝 會朝之不敬，禮微之 子產怒曰：發命之不衷，出令之不信，刑之頗類，獄之放紛，會朝之不敬，使命之不聽，上命下不從，取陵於大國，罷民而無功，罪及而弗知，僑之恥也。

孔張，君之昆孫子孔之後也，昆兄也子孔鄭襄公兄 執政之嗣也，為嗣大夫，承命以使，周於諸侯，國人所尊，立於朝而祀於家，有祿於國，所使吏得自立於廟於家同 有賦於軍，軍出鄉賦乘百人 喪祭有職，受脤歸脤，大夫歸脤謂助君祭受脤歸脤謂 其祭在廟，已有著位，在位數世，世守其業，而忘其所，僑焉得恥之。其祭在廟其祭在廟為虛也 辟邪之人而皆及執政，是先王無刑罰也。言為過誤者自應用刑罰 子寧以他規我。規正也

宣子有環，其一在鄭商。玉環同工共為雙昔共林為 宣子謁諸鄭伯，謁請也 子產弗與曰：非官府之守器也，寡君不知。自共同工共為雙居少切晉國 子大叔子羽謂子產曰：韓子亦無幾求，晉國亦未可以貳，晉國韓子不可偷也。偷薄也侯切 若屬有讒人交鬥其間，鬼神而助之，以興其凶怒，悔之何及，吾子何愛於一環，其以取憎於大國也，盍求而與之。盍何不及何及於一環其

子產曰：吾非偷晉而有二心，將終事之，是以弗與，忠信故也。僑聞君子非無賄之難，立而無令名之患。僑聞為國非不能事大字小之難，無禮以定其位之患。名之忠僑聞為國非不能事大字小之難無禮以定其位之患 夫大國之人令於小國而皆獲其求，將何以給之，一共一否為罪滋大。大國之求，無禮以斥之，何饜之有，吾且為鄙邑則失位矣。若韓子奉命以使而求玉焉，貪淫甚矣，獨非罪乎，出一玉以起二罪，吾

又失位韓子成貪將焉用之且吾以玉賈罪不亦銳乎（古恱反）（恱彊賈同）（歲切賈同）韓子買諸賈人既成賈矣商人曰必告君大夫韓子請諸子產曰起請夫環執政弗義弗敢復也（復扶又切）（復音福）今買諸商人商人曰必以聞敢以為請（請七井切）子產對曰昔（直用切）（音庚）我先君桓公與商人皆出自周（鄭本在周畿內與商人俱）（庸次比耦）（音耦）庸次比耦以艾殺此地斬之蓬蒿藜藋而共處之（藜力之切）（藋大弔切）（艾音刈）（蒿呼毛切）世有盟誓以相信也（丈又切）（丈又切）（音佩）曰爾無我叛我無彊賈毋或匄奪（徒活切）（匄古害切）（彊其良切）爾有利市寶賄我勿與知恃此質誓故能相保以至于今吾子以好來辱而謂敝邑彊奪商人是教敝邑背盟誓也毋乃不可乎吾子得玉而失諸侯必不為也若大國令而共無藝（魚祭切）（藝法也末也）（共音恭）鄭鄙邑也亦弗為也（不欲為此事）（鄙音鄙）僑若獻玉不知所成敢私布之（布陳也）韓子辭玉曰起不敏敢求玉以徼二罪（李文）

夏四月鄭六卿餞宣子於郊（餞送也）（餞才踐切）宣子曰二三君子請皆賦起亦以知鄭志（詩言志也）子齹賦野有蔓草（齹才河切）（蔓草詩鄭風也）宣子曰孺子善哉吾有望矣（孺子君也）子產賦鄭之羔裘（羔裘鄭詩彼其之子舍命不渝好賢之義）（舍音赦）（渝羊朱切彼已列於司直不我聞愛不我聞既亦無從我思也）宣子曰起不堪也（不堪當此詩之言）子大叔賦褰裳（褰裳詩涉溱唯子惠思我褰裳涉溱子不我思豈無他人）（褰起虔切）宣子曰起在此敢勤子至於他人乎（言鄭取求他人）子大叔拜宣子亦拜曰善哉子之言是（言是襄公之所求宣子今欲得之）不有是事其能終乎子游賦風雨（詩鄭取既見君子既見美且都不夷云胡不喜取其風雨如晦雞鳴不已）（喜音許）子旗賦有女同車（取其德音孝且也）（孝呼教切）子柳賦蘀兮（蘀音柝柳豐施之子蘀兮詩取其倡予和女言已將倡和從之）（倡昌亮切）（和戶臥切）宣子喜曰鄭其庶乎二三君子以君命貺起賦不出鄭志皆昵燕好也（昵女乙切）（他本或作暱同）（好呼報切）

其庶乎　二三君子以君命貺起賦不出鄭志皆昵燕好也

則否太史曰在此月也　諸侯用幣於社請上伐鼓於朝　傳十七年春小邾穆公來朝公與之燕季平子賦采叔　日子服囘之言猶信曰言　其木其罪大矣奪之官邑　早使屠擊祝款豎柎有事於桑山　實為常能無甲兵平子曰爾幼惡識國　晉之公室其將遂卑矣君幼弱六卿彊而奢傲將因是以習習　免吾死也敢不藉手以拜　自晉人聽歸子服昭伯語季平子　德宣子私觀於子產以玉與馬曰子命起賜我玉而

也唯正月朔慝未作日有食之於是乎有伐鼓用幣禮也其餘　請之社故昭子曰日有食之天子不舉　穆公賦菁菁者莪　于大辰房心尾也妖實非一音勃　秋八月晉昭公卒　其木不雨子產曰有事於山蓺山林也　子服以玉拜使五卿皆舍夫玉是賜我玉而

國子有　夏六月甲戌朔日有食之昭子曰不有以國其能久乎　穆公賦菁菁者莪　楚人及吳戰于長岸　九月大雩旱也　鄭大夫有事於桑山　子產拜使五卿皆舍夫玉是賜我玉而

也可以無懼矣宣子皆獻馬焉而賦我將拜曰吾子靖亂敢不拜　之威言志在靖亂畏天威　其木不雨子產曰有事於　冬十月季平子如晉葬昭公平子　賜我玉是賜我玉而

子弗從昭子退曰夫子將有異志不君矣日有異志故

子來朝公與之宴昭子問焉曰少皞氏鳥名官何故也郯子曰吾祖也我知之

昔者黃帝氏以雲紀故為雲師而雲名

炎帝氏以火紀故為火師而火名

共工氏以水紀故為水師而水名

大皞氏以龍紀故為龍師而龍名

我高祖少皞摯之立也鳳鳥適至故紀於鳥為鳥師而鳥名

鳳鳥氏歷正也

玄鳥氏司分者也

伯趙氏司至者也

青鳥氏司啟者也

丹鳥氏司閉者也

祝鳩氏司徒也

鴡鳩氏司馬也

鳲鳩氏司空也

爽鳩氏司寇也

鶻鳩氏司事也

五鳩鳩民者也

五雉為五工正

九扈為九農正

自顓頊以來不能紀遠乃紀於近為民師而命以民事則不能故也

廿二

項以來不能紀遠乃紀於近為民師而命以民事則不能故也

使祭史先用牲于雒陸渾人弗知師從之庚午遂滅陸渾數之

既而告人曰吾聞之天子失官學在四夷猶信

晉侯使屠蒯如周請有事於雒與三塗

祭也其伐戎乎陸渾氏甚睦於楚必是故也君其備之乃警戎

九月丁卯晉荀吳帥師涉自棘津

冬有星孛于大辰西及漢在夏之八月辰西今文宮

漢申須曰彗所以除舊布新也

火出於夏為三月於商為四月於周為五月夏數得天

火入而伏其居火也父矣其與不然乎

火出而見今茲火出而章必火入而伏必以壬

其以丙子若壬午作乎水火所以合也

水火之牡也其以戊子若戊午作乎

其居火也星孛及漢漢水祥也衛顓頊之虛也

梓慎曰往年吾見之是以知之

言於子產曰宋衛陳鄭將同日火若我用瓘斝玉瓚鄭必不火〔瓘珪也斝玉爵也瓚勺也欲以禳火古雅切瓚才旦切〕子產弗與

〔與以為明年宋衛陳鄭災所由故也〕〔順江而下易用勝敵故〕〇吳伐楚陽匄為令尹卜戰不吉〔陽匄子瑕也公子〕司馬子魚曰我得上流何故不吉〔子魚也〕且楚故司馬令龜我請改卜令曰鮯也以〔鮯音房〕戰于長岸子魚先死楚〔得吉兆〕師繼之大敗吳師獲其乘舟餘皇〔餘皇舟名〕使隨人與〔使隨陳人與〕後至者守之環而塹之及泉盈其隧炭陳以待命〔環繞也塹壍也隧出入道也〕吳公子光請於其眾曰喪先王之乘舟豈唯光之罪眾亦有焉請藉取之以救死〔長鬣多鬚與吳師夜從之〕眾許之使長鬣者三人潛伏於舟側曰我呼餘皇則對師夜從之三呼皆迭對〔迭更也待結切〕楚人從而殺之楚師亂吳人大敗之取餘皇以歸〔光有謀〕

春秋左氏傳卷第二十三

經十有八年春王三月曹伯須卒　未同盟而赴以名
衛陳鄭災　來告故書天火曰災○六月邾人入鄅　鄅國今琅邪開陽縣
秋葬曹平公○冬許遷于白羽　自葉遷鄭晨縣而復遷之以自遷為叛故遷之

傳十八年春王二月乙卯周毛得殺毛伯過而代之　毛伯過周大夫毛得過之族萇弘曰毛得必亡是昆吾稔之日也侈故之日也而毛得以濟昆吾氏之虛也

夏五月火始昏見　火心星也丙子風梓慎曰是謂融風火之始也七日其火作乎

戊寅風甚壬午大甚宋衛陳鄭皆火梓慎登大庭氏之庫以望之　大庭古國名在魯城內魯於其處作庫高顯故登以望氣曰宋衛陳鄭也數日皆來告火

裨灶曰不用吾言鄭又將火鄭人請用之子產不可子大叔曰寶以保民也若有火國幾亡可以救亡子何愛焉子產曰天道遠人道邇非所及也何以知之灶焉知天道是亦多言矣豈不或信遂不與亦不復火

鄭之未災也里析告子產曰將有大祥民震動國幾亡吾身泯焉弗良及也國遷其可乎子產曰雖可吾不足以定遷矣及火里析死矣未葬子產使輿三十人遷其柩

火作子產辭晉公子公孫于東門使司寇出新客禁舊客勿出於宮使

東而前出遂客脩脯蕪菁蒭茭色皆出孫宣音□其○火朴十童□晉公十六紀干東門□□入□□□山火朴十□火朴十童□□□□音□入□火朴□□□□非干□□□其□□□□□□□□□□□□晉公卅六朝興卅八□□其□□□□□□□□□□非干□□□□□□□□□□□□□□□□火里□□□不□□宋□□□□□□□□□□□□□□□□火里□□□不□□□□□□□□□非□□□□日宋南朝□□□□□□□□□□□□□□□□□非□□十向變□□□□□□□□□不□不□大□□□□□□□不育火圖變□□向變馬十童□日天直壺□火□□□□□□□□□□□□□□□□□□□□□言實□□□□□□□火□□□□□□□□□□□□□□□□□□□□□□

戊寅風其王干大其宋南朝□智火朴□□大□□
□□□入壽用入□□□□□□登大□□
□□□□日□不用吾言□天雜火□□至火□王□
□□□□日縣□□日宋南朝□□□□來□□
□□□□□宋□□□□□火朴□□□□□□□□□
□□□□□□□□□□□□□□□□□□□□□□
○三月曹平公卒□□□丁□會□□□□□□□□
西干風□□□□□□□□□□□□

二說山東木火□□日日□風凰圖
○夏五己火號甘具賓火□星□
本□□□□□□□□□□□□□□
□□□□□□□□□□□□□□□□
□□□□□□□□□□□□□□□□

火□晴當□□□□□
日□□□□□□□□□

軒十八年春王二月□□周□□□□
正月□日吾□□□□□□
□公□曰手□□□□□□
□□□□□□□□□□□
□□□□□□□□□□□

○森蕪曹平公○公□孛干白郎□□□
□□□□□自□□□□□□□□
□□□□○六月□□人□□□□□□
十有八年春王三月曹伯熊卒□□□□□宋
□□□□□□□□□□□□真五月壬干宋

春秋左傳□□路五卷□二十四
左氏 盡三十二年

使子寬子上巡羣屏攝至于大宮使火又下往履行火所於周廟告于先君使公孫登徙大龜使府人庫人各儆其事使祝史徙主祏於周廟明日使野司寇各保其徵助祝史除於國北禳火于玄冥回祿祈于四鄘征與之材三日哭國不市使行人告於諸侯宋衛陳鄭皆火宋衛皆如是陳不救火許不弔災君子是以知陳許之先亡也

城下之人伍列登城書焚室而寬其征人將開門鄩人羅攝其首斬其首遂入之盡俘以歸鄩子

六月鄩人藉稻蓋尝藉稻也

〇秋葬曹平公往者見周原伯魯焉與之語不說學歸以語閔子馬曰周其亂乎夫必多有是說而後及其大人大人患失而惑又曰可以無學無害者其然乎於是乎下陵上替能無亂乎學殖也不學將落原氏其亡乎

〇七月

曰余無歸矣從幣於鄩莊公反鄩夫人而舍其女

鄭子產為火故大為社祓禳於四方振除火災禮也

子皮欲使尹何為邑子產曰少未知可否子皮曰愿吾愛之不吾叛也使夫往而學焉夫亦愈知治矣子產曰不可人之愛人求利之也今吾子愛人則以政猶未能操刀而使割也其傷實多子之愛人傷之而已其誰敢求愛於子子於鄭國棟也棟折榱崩僑將厭焉敢不盡言子有美錦不使人學製焉大官大邑身之所庇也而使學者製焉其為美錦不亦多乎僑聞學而後入政未聞以政學者也若果行此必有所害譬如田獵射御貫則能獲禽若未嘗登車射御則敗績厭覆是懼何暇思獲

鄭子產過女而命速除之

叔之廟在道南其寢在道北其庭小使除徒陳於道南廟北曰子產過期三日處小庭迫

子大叔之廟在道南其寢在道北其庭小

鄭人遊于鄉校以論執政然明謂子產曰毀鄉校何如子產曰何為夫人朝夕退而遊焉以議執政之善否其所善者吾則行之其所惡者吾則改之是吾師也若之何毀之我聞忠善以損怨不聞作威以防怨豈不遽止然猶防川大決所犯傷人必多吾不克救也不如小決使道不如吾聞而藥之也然明曰蔑也今而後知吾子之信可事也小人實不才若果行此其鄭國實賴之豈唯二三臣仲尼聞是語也曰以是觀之人謂子產不仁吾不信也

者南毀子產及衝使從者止之曰毀於北方

火之作也子產授兵登陴
授兵以若反叛晉罅支切
子產曰吾聞之小國忘守則危況有災乎國之
不可小有備故也既晉之
不告子產對曰若吾子之言敝邑之憂也敝邑失政
天降之災又懼讒慝之間謀之以啟寡人薦為敝邑不利
敢不告子產之言敝邑之憂也敝邑失政
然授兵登陴走望不愛牲玉鄭之有災寡君之憂也今執事
敢寧居卜筮走望不愛牲玉鄭之有災寡君之憂也今執事
不可小有備故也既晉之
勝言於楚子曰許於鄭仇敵也而居楚地以不禮於鄭
壹遷許許不專於楚
子使王子勝遷許於析實白羽
國不可小鄭許不可俘雖不可啟君其圖之楚子說
葉在楚國方城外之蔽也
余舊國也
傳十九年春楚工尹赤遷陰于下陰
叔孫昭子曰楚不在諸侯矣其僅自守也以持其世而已
伐莒○冬葬許悼公
其君買物
經十有九年春宋公代邾○夏五月戊辰許世子止弒
耶陽封人之女奔之生大子建
皆欲以自守守
帥
室矣諸詩昭公也
王為之聘於秦無極與逆勸王取之正月楚夫

人嬴氏至自秦人起
向戌之女也故向寧請師

邾圍蟲三月取之

癡五月戊辰飲大子止之藥卒

邾人郳人徐人會宋公乙亥同

盟于蟲事

言於楚子曰晉之伯也邇於諸夏而楚辟陋故弗能與爭若大

城城父而實大子焉以通北方王收南方是得天下也王說從之故大子建居于城父令尹

子瑕聘于秦拜夫人也

師師伐莒

方王南方

城父

其夫已為蓑婦又老託於紀鄣紡焉以度而去

其夫已為蓑婦又老託於紀

是歲也鄭駟偃卒子游娶於

登者六十人縋絕師鼓譟諸子占子

上之人亦譟莒共公懼啟西門而出七月丙子齊師入紀

占使師夜縋而登

又師至則投諸外或戲諸子占

晉大夫生絲駒

其父兄立子瑕子游

他日絲以告其舅冬晉人使以

幣如鄭問駟乞之立故駟乞欲逃子產弗遣請龜以卜

亦弗子大夫謀對子產不待而對客曰鄭國不天寡君

三三臣札瘥天昏

亦弗子大夫謀對子產不待而對客曰鄭國不天寡君

今又喪我先大夫偃其子幼弱其

一二父兄懼隊宗主私族於謀而立長親　於私族之謀宜立親○立龍者○息浪切天○自然

直類切○寶君與其二三老曰抑天實剝亂是吾何　丁火切

亂馹氏非國所○諺曰無過亂門民有兵亂猶懼過之而況敢　知○邦角切

知○君之二三臣其即世者晉大夫而專制其位是晉之縣鄙也何　待旦切○古乎切

國之為辭客幣而報其使人舍之○遣人報晉人舍之　君尋舊盟曰無或失職若○音甚

君之二三臣其即世者晉大夫而專制其位是晉之縣鄙也何　君尋舊盟曰無或失職若何

天之所亂今大夫將問其故抑寶君不敢知其平　在十三年○音彥○古旦切

而城州來以挑吳能無敗乎侍者曰王施舍不倦息民五年可　王曾孫葉公諸梁父也○戌音恤

昔吳滅州來三年子旗請伐之王曰吾未撫吾民今亦如之　十三年吳伐州來今子旗請伐之王曰

來沈尹戌曰楚人必敗　十二年吳伐州來令尹子期○音其○始涉切

謂撫之矣戌曰吾聞撫民者節用於內而樹德於外民樂其性　轉遷徙也○徒丁切○音洛

而無寇讎今宮室無量民人日駭勞罷死轉　傳言平王所以不能霸

忘寢與食非撫之也　以不能霸

或作疲本　音皮

時門之外詢淵　鄭城門也洧水出發陽密縣東南至掎川長平入潁○于軌切

焉子產弗許曰我鬬龍不我覿也　觀見也○大歷切○賢遍切

獨何覿焉襄之則彼其室也　室龍之室也○令命切

以歸　衛九衛○曰彼何罪諐所謂室於怒市於色者楚之謂矣　言楚子能用善言　轉遷徙也

乃止也　令尹子瑕言蹶由於楚子○音智　蹶由吳子弟言蹶

經二十年春王正月　○夏曹公孫會自鄸出奔宋　無傳聲有玉帛之使來告

故書鄭　鄭字音林二志○莫公切又云增切字林○書名而不義故書盜所　會前之念可也乃歸蹶由

陳　化與君爭國爭名而出皆書名曰盜所　張立所○鄸音烏路切○○秋盜殺衛侯之兄縶之兄縶

齊豹為司寇守嗇夢字惡名於市人念於市人念　○冬十月宋華亥向寧華定出奔

傳二十年春王正月己丑日南至　是歲朔旦冬至之歲也當言　○十有一月辛卯蔡侯盧卒

閏月後故經因史書正月己丑朔日南至時史失　正月己丑朔日南至時史失

傳更具於　力於切○本又作盧力烏切

梓慎望氛　氣也時魯侯不行登臺

之禮使將憤壁曰今茲宋有亂國幾亡三年而後弭蔡有大喪
□為宋□芳云切□華向出奔蔡侯卒傳叔孫昭子曰然則戴桓也戴族華氏
□音祈華又音機□彌耳切□□言妖由人□費無極言於楚子曰
建□之□知大子寬故遣令去□子方切□無極言於楚子曰

極曰奢之子材若在吳必憂楚國盍以免其父召之彼仁必來
□在吳□言舍使還□善其言□音環下退都同□□□无犯也使□无
□又音如字逃無所入王曰歸從政如他日□□□□□我能死爾能報聞
□音干□如字

王曰而敢來乎對曰父召無不□□□□□□□奸也不使□无□
苟貳奉初以還以奉初□命不忍後命故遣之既而悔之亦無及已
建也對曰臣告之君王命臣曰事建如事余□臣不佞不能
揚奮揚使城父人執己以至王□出於爾爾誰告□
而使遣之問之□知大子寬故使城父司馬奮揚殺大子王召奮
納妻何信於讒王執伍奢使城父□言伍奢對曰君一過多矣
建與伍奢將以方城之外叛自以為猶宋鄭也齊晉又交輔之
將以害楚事集矣王信之問伍奢伍奢對曰君一過多矣何以
沈俊無禮已甚亂所在也傳言妖由人□費無極言於楚子曰

不然將為患王使召之曰來吾免而父棠君尚謂其弟員曰
長子尚也為棠邑大夫員尚弟子胥
□切尚也為棠君尚或作尚尹員音云戶音□丁丈切爾適吳我將歸死
吾知不逮也知不及□□□我能死爾能報聞
□音智又大計切

免父之命不可以莫之奔也親戚為戮不可以莫之報也奔死
□音代又大計切

免父孝也度功而行仁也擇任而往知也知死不辟勇也父不可棄
□待洛切

王知死不辟勇也尚不得用故進勇士以退居邊鄙為鄙
其勉之相從為愈□□□□楚人皆殺之貞不貞亦知之矣伍
□□愈愈意初賣也差也不得

其旰食乎將有吳夏不早食□□
州于□州于吳子僚□古旦切楚人皆歸奢之貞如吳言伐楚之利於州
□力影切□賢過□申二十七年吳殺

盧也反復也□光欲殺僚故破其議而貞知之求入於光退居勇士以
州于吳子僚公子光曰是宗為戮而欲反其讎不可從也
□光異公子闔□故故進勇士以退居邊鄙為鄙

之求士而鄙以待之諸□□□□□□□宋元公無信多私
勇士□賢過□申二十七年吳殺乃見鱄設諸焉
□切音專

而惡華向華定華亥與向寧謀曰□□於死先諸
□恐元公殺己欲先作亂

華亥爲有疾，以誘羣公子。公子間之，則執之。夏六月丙申，

殺公子寅、公子御戎、公子朱、公子固、公孫援、公孫丁，拘向勝、向

行於其廬。公如華氏請焉，弗許，

遂劫之。癸卯，取大子欒與母弟辰、公子地以爲質。

公亦取華亥之子無慼、向寧之子羅、華定之子啟，與華氏盟，以爲質耳。

衛公孟縶狎齊豹，奪之司寇與鄄。有役則反之，無役則取之。公孟惡北宮喜、褚師圃，欲去之。公子朝通于襄夫人宣姜，懼，而欲以作亂。故齊豹、北宮喜、褚師圃、公子朝作亂。初，齊豹見宗魯於公孟，爲驂乘焉。將作亂，而謂之曰：公孟之不善，子所知也，勿與乘，吾將殺之。對曰：吾由子事公孟，子假吾名焉，故不吾遠也。雖其不善，吾亦知之。抑以利故，不能去，是吾過也。今聞難而逃，是僭子也。子行事乎，吾將死之，以周事子，而歸死於公孟，其可也。

丙辰，衛侯在平壽，公孟有事於蓋獲之門外。齊子氏帷於門外，而伏甲焉。使祝蠆寘戈於車薪以當門，使一乘從公孟以出。使華寅乘貳車。公孟宗魯驂乘及闊門中，齊氏用戈擊公孟，宗魯以背蔽之，斷肱，以中公孟之肩，皆殺之。公聞亂，乘，驅自閱門入。慶比御公，公南楚驂乘，使華寅乘貳車。及公宮，鴻駵魋駟乘于公，公載寶以出。褚師子申遇公于馬路之衢，遂從。過齊氏，使華寅肉袒執蓋以當其闕，敢與齊氏

從公出

齊氏射公中南英之背公遂出寅闈耶門公如死鳥折朱鉏宵實出徒行從公所聘將事辭曰寡君命下臣於朝曰阿下執事命實命也達主人曰君若惠顧先君之好照臨敝邑鎮撫其社稷則有宗祧在欲廣實命以其良馬見不獲命以其良馬見子蓴苹之中不足以辱從者敢辭實曰寡君之下臣君之牧圉實將撤其行

主人曰寡人之憂不可以及吾相見不獲命衛侯固請見之賓為未致使故敢固以請

命實寡君命下臣於朝曰阿此也敢貳命也

衛侯使公孫青聘于衛既受命將事辭曰不使失守社稷使蓴苹吾子無所辱君命不從諸侯請聘衛君也乃將事焉

八月辛亥公子朝褚師圃子玉霄子高魴出奔晉

辰殺宣姜通謀故

諡曰成子而以齊氏之墓子之墓田皆未死而賜諡及言之故言之

八月戊午遂盟國人

喜盟于彭水之上故公先與齊氏同謀

氏之宰不與聞謀殺渠子遂伐齊氏滅之丁巳晦公入與北宮喜盟于北宮

寧于齊且言子石言其石有禮

諡曰貞子氏故齊賜折朱鉏

齊侯將飲酒編賜大夫曰二三子之教也侯何忌辭曰與於青之賞必及於其罰在康誥曰父子兄弟罪不相及況

在羣臣臣敢貪君賜以干先王康誥書所犯當并受其言若有罪亦於元罪

將往弔之仲尼曰齊豹之盜而孟縶之賊女

也若不獲杆外役是不有寡君也有相親有也免於戾請以除死親執鐸終夕與於燎設火燎以儆守者待諸庖下不與聞謀

子之教也何忌辭苑何忌辭曰與於青之賞必及於其罰在康誥曰父子兄弟罪不相及況

秋七月戊午期遂盟國人

辰殺宣姜與公子朝謀故

衛侯賜北宮喜諡曰貞子賜折朱鉏

左二十四

九

（此頁為《春秋左傳》注疏，文字繁密，茲依右至左、上至下迻錄）

死亡有命余不忍其詬也

死而滋長乎起恐殺大子憂益長

憂而滋長乎起恐殺大子憂益長

日必適華氏食公子而後歸華亥惠之欲歸公子者

信故質其子若又歸之死無日矣公請於華費遂將攻華氏

師本華亥與其妻必盟所質公子與夫人每不

起華亥與其妻必盟而食所質公子而後食公與夫人每

五芊出奔鄭其徒與華氏戰于鬼閻敗子城子城適晉

舍喜孫司馬彊向宜向鄭皆戍子城子城敗走晉

義不犯非禮人知難不告也

不受亂不以囬待人

何弔焉齊豹之盜孟縶之賊皆由宗魯

也不受亂齊豹以見賊孟縶以見殺皆由汝

趙武曰夫子之家事治言於晉國竭情無私其祝史祭祀陳信

子曰宋之盟二十七年也

於祝史矞以辭賓之欲殺罃罃以辭謝來問

疾病為諸侯憂是祝史之罪也諸侯不知其謂我不敬君盍諛

期而不瘳諸侯之賓問疾者多在

華輕將自門行從公遠見之執其手曰余知而無罪也入復

事人以三公子為質必免

少司寇輕以歸

華亥曰干君而出又殺其子其誰納我且歸之有庸

而攻之戊辰華向奔陳華登奔吳

齊侯疥遂痁

向寧欲殺大子

公子既入

國語

不愧其家事無猜其情疑之事故祝史無求於鬼神故鬼神無求於祝史不祈鬼神故欲誅於祝史子稱是語何故對曰若有德之君外內不廢上下無怨動無違事其祝史薦信無愧心矣是以鬼神用饗國受其福祝史與焉所以蕃祉老壽者為信君使也其言忠信於鬼神其適遇淫君女斬刈民力輪掠其聚以成其違不恤後人暴虐淫從肆行非度無所還忌不思謗讟其祝史薦信是言罪也其蓋失數美是矯誣也進退無辭

則虛以求媚作虛辭以求媚是以鬼神不饗其國以禍之祝史與為所以天昏孤疾者為暴君使也其言僭嫚於鬼神公曰然則若之何對曰不可為也山林之木衡鹿守之澤之萑蒲舟鮫守之藪之薪蒸虞候守之海之鹽蜃祈望守之縣鄙之人入從其政偪介之關暴征其私承嗣大夫強易其賄布常無藝徵斂無度宮室日更淫樂不違內寵之妾肆奪於市外寵之臣僭令於鄙私欲養求不給則應民人苦病夫婦皆詛祝有益也詛亦有損聊攝以東姑尤以西其為人也多矣雖其善祝豈能勝億兆人之詛

康王以為諸侯主也康王曰神人無怨宜夫子之光輔五君以為諸侯主也

君君欲謀（誅）於祝史矯（修）德而後可公說使有司寬政毀去關禁薄歛已責

○十二月齊侯田于沛招虞人以弓不進公使執之辭曰昔我先君之田也旃以招大夫弓以招士皮冠以招虞人臣不見皮冠故不敢進乃舍之仲尼曰守道不如守官君子韙之

齊侯至自田晏子侍于遄臺子猶馳而造焉公曰唯據與我和夫晏子對曰據亦同也焉得為和公曰和與同異乎對曰異和如羹焉水火醯醢鹽梅以烹魚肉燀之以薪宰夫和之齊之以味濟其不及以洩其過君子食之以平其心君臣亦然君所謂可而有否焉臣獻其否以成其可君所謂否而有可焉臣獻其可以去其否是以政平而不干民無爭心故詩曰亦有和羹既戒既平鬷嘏無言時靡有爭先王之濟五味和五聲也以平其心成其政也聲亦如味一氣二體三類四物五聲六律七音八風九歌以相成也清濁小大短長疾徐哀樂剛柔遲速高下出入周疏以相濟也君子聽之以平其心心平德和故詩曰德音不瑕

亦曰否君以水濟水誰能食之若琴瑟之專壹誰能聽之同之不可也如是飲酒樂公曰古而無死其樂若何晏子對曰古而無死則古之樂也君何得焉昔爽鳩氏始居此地季萴因之有逢伯陵因之蒲姑氏因之而後大公因之古若而無死爽鳩氏之樂非君所願也

鄭子產有疾謂子大叔曰我死子必為政唯有德者能以寬服民其次莫如猛夫火烈民望而畏之故鮮死焉水懦弱民狎而玩之則多死焉故寬難疾數月而卒大叔為政不忍猛而寬鄭國多盜取人於萑苻之澤大叔悔之曰吾早從夫子不及此興徒兵以攻萑苻之盜盡殺之盜少止仲尼曰善哉政寬則民慢慢則糾之以猛猛則民殘殘則施之以寬寬以濟猛猛以濟寬政是以和詩曰民亦勞止汔可小康惠此中國以綏四方施之以寬也毋從詭隨以謹無良式遏寇虐慘不畏明糾之以猛也柔遠能邇以定我王平之以和也又曰不競不絿不剛不柔布政優優百祿是遒和之至也及子產卒仲尼聞之出涕曰古之遺愛也

經二十有一年春王三月葬蔡平公○夏晉侯使士鞅來聘○宋華亥向寧華定自陳入于宋南里以叛○秋七月壬午朔日有食之○八月

傳二十一年春，天王將鑄無射。（周景王也。無射，鐘名，律中無射。）（鑄音注。無音武。射音亦，又音夜。）泠州鳩曰：王其以心疾死乎！（泠州鳩，周大夫，伶官也。）（泠音零。鳩音九。伶音零。）夫樂，天子之職也。（主調陰陽。）夫音，樂之輿也；而鐘，音之器也。（鐘，聚音之器也。）天子省風以作樂，（省風俗作樂以移之。器以鐘之，輿以行之。）（省，息井切。）小者不窕，（窕，細不滿。）（窕，徒了切。）大者不摦，（摦，橫大不入。）（摦音洛，又胡化切。）則和於物，物和則嘉成。（和聲入耳而化其心。）故和聲入於耳而藏於心，心億則樂。（億，安也。）（億，於力切。）窕則不咸，（不充滿人心。）（咸，本或作感，戶暗切。）摦則不容，（心不堪容。）心是以感，感實生疾。今鐘摦矣，王心弗堪，其能久乎！（王明年天王崩。）（堪，丁歷切。摦，丁丈切。）

三月，葬蔡平公。蔡大子朱失位，位在卑。（不在適子位，以長幼齒。）（卑，丁歷切。）大夫送葬者歸，見昭子。昭子問蔡故，以告。昭子歎曰：蔡其亡乎！其亡不亡是君也，必不終。（詩大雅，塈，息也。）《詩》曰：不解于位，民之攸塈。（塈，許器切。解，佳買切。）今蔡侯朱始即位而適卑，身將從之。（為蔡侯朱出奔傳。）

夏，晉士鞅來聘，叔孫為政。（叔孫昭子以出奔為國政。）季孫欲惡諸晉，（季孫得罪於晉在十四年。）（惡，烏路切。）使有司以齊鮑國歸費之禮為士鞅。（鮑國歸費，在十四年，牢禮各如其命數，鮑國為齊卿，故為士鞅。）士鞅怒曰：鮑國之位下，其國小，而使鞅從其牢禮，是卑敝邑也，將復諸寡君。魯人恐，加四牢焉，為十一牢。（魯為大國且為哀。）（言魯不能以禮。）

秋七月壬午朔，日有食之。

八月，宋華費遂生華貙、華多僚、華登。貙為少司馬，多僚為御士，（御，魚據切。士，鉏里切。）與貙相惡，乃譖諸公曰：貙將納亡人。亟言之。公曰：司馬以吾故，亡其良子，死亡有命，吾不可以再亡之。（死如可以再亡之。）對曰：君若愛司馬，則如亡。（如亡，言當若死亡勿復顧念。）死如可逃，何遠之有！（言死可以逃，以恐動公。）公懼，使侍人召司馬之侍人宜僚，飲之酒，而使告司馬。司馬歎曰：必多僚也。吾有讒子而弗能殺，吾又不死，抑君

乙亥，叔輒卒。（叔引之子。）公如晉，至河乃復。（晉人辭公故。）冬，蔡侯朱出奔楚。（微弱為國人所逐故。）

有命，可若何！乃與公謀逐華貙，將使田孟諸而遺之。公飲之酒，

厚酬之〔酬音酬酒〕賜及從者司馬亦如之〔亦如公賜〕張匄〔張匄老之張貙御音信〕

皮曰任鄭翩殺多僚以劍而訽之〔華貙華皮〕叛而召〔起虔切〕華氏居盧門以南里叛〔盧門宋城南門〕

城舊廊及桑林之門而守之〔舊廊故城也桑林城門〕壬午朔日有食之公問於梓慎曰是何物也禍福何為也

將見司馬而行則遇多僚御司馬而朝張匄不勝其怒遂與之皮曰司馬盡僚以劍而訽之華老

日二至二分二至冬至夏至二分春分秋分日夜等故言同道也至相過也二至二分日夜長短極故相過

克也故常為水陰不勝陽是於是叔輒哭曰食子日子昭子曰災

叔將死非所哭也八月叔輒卒冬十月華登以吳師救華氏

志有之先人有奪人之心後人有待其衰盡及其勞且未定也

齊烏枝鳴戍宋廚人濮曰華氏衆矣悔無及也及也從之丙寅齊師宋師敗

吳師于鴻口獲其二帥公子苦雂

代諸君入而固則華氏衆矣悔無及也從之丙寅齊師宋師敗

師公欲出廚人濮曰吾小人可藉死華登帥其餘以敗宋師

偃州負音圓又音圓

君請待之請待復戰失勝負釋文西不能送則使死難而不能送

云君請徒也齊徒孤之罪也君死二三子之

者公徒也見國人皆憮然似俊志微說文一音式微乃徇曰揚徽者公徒也衆從之

揚門見之陽正東門名揚門下而巡之曰國君死二三子之

恥也益專孤之罪也齊致死齊致死莫如

如去備備起呂切彼多兵皆用劍從之華氏北復即之敗此

走廚人濮以裹首而荷以走曰得華登矣遂敗華氏于新里

音華氏所取邑罷僂新居于新里既戰說甲子公而歸
果苟何可切又音何圉音素其子有二心故廢之朱也靈王殺隱大子其子與君同
人以國朱朝怨子楚楚子將討蔡無極曰平侯與楚有盟故封之依陳蔡
國君王將立東國君不先從王欲楚必圍蔡蔡人懼出朱而立東
君王將立東國君不先從王欲楚必圍蔡蔡人懼出朱而立東
取貨於東國候盧之弟朱教父之子也而謂蔡人曰朱出奔楚
我也後既許之矣○蔡侯朱出奔楚費無極
唯宋事其君今又爭國釋君而臣是助無乃不可乎王曰諸侯
乃復入南里扶又楚遠越師師將遽華氏大宰犯諫曰諸侯
車十五乘徒七十人犯師而出送之雖上哭而送之
無我廷不幸而後亡廷恐也丘勇切○求華登如楚乞師華貙以
見華貙曰吾為藥氏矣二十三年藥盈入作亂而死事在襄使華登如楚乞師華貙
速諸乃射之殪譬又死切大敗華氏圍諸南里華亥搏膺而呼曰子
死伍乘軍之大刑也死切同乘共伍當皆干刑而從子君焉用之子
又射之死句干犫請一失求死女於君欲話之汝故對曰不
股扶伏而擊之折軫字上又音蕭下又蒲北切及往本或作
射之殪一討切豹死切張句抽殳而下殊直亮切在車邊更音庚亦射之折
食間附切食夜切下同豹亦切夜下同息亮切豹射出其間子出于城也
怒而反之反還戰己乃呼曰平公之靈尚輔相余長丈二在車射之折
封人華豹張句為右氏黨封人謹本或作莊父音干犫御莊
直觀切子禄御公子城莊董為右子禄向宜作莊父音干犫御莊董父
苑何忌鄭翩願為鸛其御願為鵞皆陳名
師至晉荀吳會晉荀吳中行穆子也

經二十有二年春齊侯伐莒○宋華亥向寧華定自南里出奔楚

天王崩○六月叔鞅如京師葬景王○王室亂○劉子單子以王猛居于皇○秋劉子單子以王猛入于王城○冬十月王子猛卒○十有二月癸酉朔日有食之

傳二十二年春王二月甲子齊北郭啟帥師伐莒莒子行成司馬竈如莒涖盟莒子如齊涖盟盟于稷門之外莒於是乎大惡其君

冬十月王子猛卒

宋華亥向寧華定自南里出奔楚宋公使公孫忌為大司馬邊卬為大

莒子將戰苑羊牧之諫弗聽敗齊師于壽餘齊師賤其求不多

不如下之大國不可怒也弗聽敗齊師于壽餘

侯伐莒莒敗司馬竈如莒涖盟

遂越使告于宋曰寡君聞君有不令之臣為君憂請受而戮之對曰孤不佞不能媚於父兄以為君憂拜命之辱抑君臣日戰君曰余必

臣是助亦唯命人有言曰唯亂門之無過君若惠保敝邑無亢而疾楚

非吾利也不如出不出而圖之以為楚功不如出之以救宋而除其害又何求刃固請出之已

宋華亥向寧華定自南里出奔楚華登皇奄傷省臧士平出奔楚華貙遂邊卬為大

又所書景切子郎切宋公使公孫忌為大司馬

司徒華定，樂祁為司城，仲幾為左師，樂大心為右師，樂輓為大司寇，以靖國人。

王子朝、賓起有寵於景王，王與賓孟說之，欲立之。劉獻公之庶子伯蚠事單穆公，惡賓孟之為人也，願殺之；又惡王子朝之言，以為亂，願去之。賓孟適郊，見雄雞自斷其尾。問之，侍者曰：「自憚其犧也。」遽歸告王，且曰：「雞其憚為人用乎，人異於是。犧者實用人，人犧實難，己犧何害。」王弗應。

夏四月，王田北山，使公卿皆從，將殺單子、劉子。王有心疾，乙丑，崩于榮錡氏。戊辰，劉子摯卒，無子，單子立劉蚠。五月庚辰，見王，遂攻賓起，殺之，盟群王子于單氏。

晉之取鼓也，既獻而反鼓子焉，又叛於鮮虞。六月，荀吳略東陽，使師偽糴者，負甲以息於昔陽之門外，遂襲鼓，滅之，以鼓子鳶鞮歸，使涉佗守之。

丁巳，葬景王。王子朝因舊官、百工之喪職秩者，與靈、景之族以作亂，帥郊、要、餞之甲，以逐劉子。壬戌，劉子奔揚。單子逆悼王于莊宮以歸。王子還夜取王以如莊宮。癸亥，單子出。王子還與召莊公謀。

曰不殺單旗不捷　旗單子接也　音　與之重盟必來背盟而克者

多矣從之　從還謀也　音佩　樊頃子曰非言也必不克黨

子朝奔京　辛未鞏簡公敗績于京乙亥甘平公亦敗焉

王子朝奔京　丙寅伐之單子死其黨　叔鞅至自京師言王室之亂也

王子追之單子殺還姑發�延定稠殺之

奔于平時　平時一本作平畤又音　劉子如劉單子使王子處守于王城

奉王以追單子　遂奉王以追單子　劉子如劉單子使王子處守于王城

子欲告急於晉秋七月戊寅以王如平時遂如圍車次于皇

城距于朝　以示急戊寅七月三　劉子如劉單子使王子處守于王城

盟百工于平官　經書六月誤　郵肝伐皇

王子朝奔京　辛未鞏簡公敗績于京乙亥甘平公亦敗焉

庚申單子劉蚠以王師敗績于郊前城　大敗獲鄩肝壬辰焚諸王城之市

及焦瑕溫原之師　王師敗績于前城百工叛己巳伐單氏

冬十月丁巳晉籍談荀躒帥師九州之戎　庚午反伐之

之宮敗焉　百工反　以納王于王城十月丁巳

王師軍于汜于解次于任人　不成喪也

帥師軍于陰于侯氏所軍于谿泉次于社

閏月晉箕遺樂徵右行詭濟師取前城

東南王師軍于京楚辛丑伐京毀其西南

東南王福軍于京燮辛丑外京變其西南

聞月丹晉貴樂緤禾巾鶴賴取旗旐郔

太王朝軍于丹午鐸木十丼入

申朝軍于丼卸为貴緤禾燮泉尖大

禾巾秣为七木巾昶十二民庚为晉

千坏卸爾巾

小官燮燮

王明姐籠千甫姐庭

奐大熲賷懌隈子气燮語王姬六巾

奐申單乇燮雀汉王朝姐籠千姉

及東雞盈原入福

正秣盈原入福

十二民辛酉王十福卒

八民辛酉后籠繥

千藩吉烏荛晉秣十民为圉車太于皇

日千陣必木克其福與眷天泟愛冬巾

千藩吉京铜赫昜昜王室之檴

科辛未肇籠公姐鐆千京小姉廿千公木姐为

奉千未釐籠千京入奈山隙千入入千王妣

王午玎千癸颶敊籠龕籠玎汉王姙

秦午平朝王火凸巾

日十殊單熱木燮

白午殊單熱木燮

杜氏　盡二十六年

[經]

二十有三年春王正月叔孫婼如晉（謝取邾師）癸丑叔鞅卒（無傳）○晉人執我行人叔孫婼（稱行人使）○晉人圍郊（王邑）○夏六月蔡侯東國卒于楚（無傳）○秋七月莒子庚輿來奔○戊辰吳敗頓胡沈蔡陳許之師于雞父（楚地安豐縣南有雞備亭○夏音戶雅切）胡子髡沈子逞滅（二國滅而獲二子故言滅）獲陳夏齧（大夫）○天王居于狄泉（狄泉周地今洛陽城內）尹氏立王子朝（尹氏周世卿非周人也所欲立）○八月乙未地震○冬公如晉至河有疾乃復

[傳]

二十三年春王正月壬寅朔二師圍郊（二師王師晉師也）癸卯郊鄩潰（河南鞏縣西南有地名鄩○音尋）○丁未晉師在平陰（河陰縣）王師在澤邑（間音閑○平陰王城間地）王使告間（王歃盟故間）庚戌還（還晉師）

公孫鉏曰魯將御我（鉏邾大夫）欲自武城還循山而南武城人塞其前斷其後之木而弗殊（弗殊不絕）邾師過之乃推而蹳之（蹳音撥）遂取邾師獲鉏弱地（三子邾大夫）邾人愬于晉晉人來討叔孫婼如晉晉人使與邾大夫坐（使對坐獄）叔孫曰列國之卿當小國之君固周制也（諸侯之卿當小國之君會盟之禮在為上介）邾又夷也（言邾雜有東夷之風）寡君之命介子服回在（介子服回魯之副介）請使當之不敢廢周制故也乃不果坐韓宣子使邾人聚其眾將以叔孫與之（與邾使執之）叔孫聞之去眾與兵而朝（示無私死獄以聚其眾）

其眾從之秋楚成得臣帥師伐陳討其貳於宋也遂取焦夷城頓而還

楚又與之夷之蒐復與之田狐駢田鄂及陳蔡鄭許男伐宋宋及楚平宋成公如楚

晉楚城濮之戰楚師敗績晉侯入于鄭晉大夫皆將中軍大夫坐

宋人使門尹般如晉師告急公曰宋人告急舍之則絕告楚不許我欲戰焉齊秦未可若之何

先軫曰使宋舍我而賂齊秦藉之告楚我執曹君而分曹衛之田以賜宋人楚愛曹衛必不許也喜賂怒頑能無戰乎

晉侯謂先軫曰楚師背酅而舍我師不免丁未晉楚夾泜水而軍

晉楚城濮之戰二師陳焉癸

八月乙未晉震○冬公如晉王子虎盟諸侯于王庭要言曰皆奖王室無相害也○年五月晉人立翟成公衛人復衛侯○晉

二十三年春王五月生寅晉殺二相國歸二年

夏六月衛侯鄭自楚復歸于衛晉人執衛侯歸之于京師○晉人復曹伯○秋

二十年春王五月晉殺大夫晉

晉人執衛侯歸之于京師○衛侯鄭自楚復歸于衛○夏六月晉侯齊侯宋公蔡侯鄭伯衛子莒子盟于踐土

晉楚城濮之戰二十六年

晉三十五年

士彌牟謂韓宣子〔彌牟士景伯也　彌之二切　支侯切〕曰子弗良圖而以叔孫與其讎叔孫必死之魯亡叔孫必亡邾邦君亡國將焉歸〔時晉在晉若云國無所歸子雖悔之何及所謂盟主討違命也〕若皆相執焉用盟主〔諸侯眾取叔孫是爲盟主相執〕乃弗與使各居一館〔別分〕

士伯聽其辭而訴諸宣子乃皆執之〔彼波反〕士伯御叔孫從者四人過邾館以如吏〔欲使邾人見之故也　別都切〕先歸邾子士伯曰以芻蕘之難從者之病將館子於都叔孫旦而立期焉乃館諸箕〔立待命也　居其號切〕舍子服昭伯於他邑〔昭服切　別四〕

范獻子求貨於叔孫使請冠焉取其冠法而與之兩冠曰盡矣〔取其冠之法模而進之又不解其意又作模法以求得之莫不用〕為叔孫故申豐以貨如晉〔申豐魯大夫欲以貨求免叔孫〕叔孫曰諸侯之會衛社稷也我以貨免魯必受師是禍之也何衛之為〔示不愛貨以賂慶〕

告女所行貨見而不出〔女汝貨音花欲以貨免不使得出〕叔孫所館者雖一日必葺其牆屋〔葺補治也　七入切〕去之如始至〔不以當去而毀之〕於箕者請其吠狗弗與又將歸殺而與之食之〔示不愛慶〕

夏四月乙酉單子取訾劉子取牆人直人〔訾在河南鞏縣西南牆人直人皆邑在河南〕六月壬午王子朝入于尹〔尹王子朝黨尹氏邑也　自京入尹之邑〕癸未尹圉誘劉佗殺之〔尹圉尹文公也佗劉蚠族河南緱氏縣有劉聚〕丙戌單子從阪道劉子從尹道伐尹〔二子周卿士　阪道劉子從尹道故故〕單子先至而敗劉子還〔二子俱敗劉子還故〕己丑召伯奐南宮極以成周人戍尹〔周卿士召莊公南宮極二子周大夫〕

庚寅單子劉子樊齊以王如劉〔樊齊周大夫〕甲辰王子朝入于王城次于左巷〔西闈周地　王城王之邑近東城之近〕秋七月戊申鄩羅納諸莊宮〔鄩羅尹氏黨敬王是於是〕尹辛敗劉師于唐〔尹辛尹圉之子辛音辛是也敬王〕丙辰又敗諸鄩〔鄩周地河南縣西〕甲子尹辛取西闈〔西闈周地音韋周地一音暉〕丙寅攻蒯蒯潰〔蒯河南縣西有蒯鄉蒯音怪〕

莒子庚輿虐而好劍苟鑄劍必試諸人國人患之又將叛齊烏存帥國人以逐之〔苟鑄劍輒試諸人國人患之又將叛齊烏存帥國人以逐之〕庚輿將出聞烏存執殳而立於道左懼將止〔懼將止而死〕苑羊牧之曰君過之〔苑於阮切牧之亦大夫〕烏存以力聞可矣〔報以殳長丈二而無刃　殳音殊〕

何必以弒君成名遂來奔齊人納郊公四年奔齊○郊公之子十
又直切○吳人伐州來楚薳越帥師令尹以疾辤戍切○疾辤切
慮切○吳人伐州來吳人禦諸鍾離卒楚師燆令
奔命救州來吳人禦諸鍾離子瑕卒楚師燆音
謂火滅為燆楚之重主喪云無復氣勢燆同
子潛切宇林子兼切○枝又切下往復敗復增同
曰諸侯從於楚者衆而皆小國也畏楚而不獲巳是以來吾聞
之曰作事威克其愛雖小必濟克勝也○往
役而不心七國同沈蓬越非正卿也軍多寵人政
帥賤多寵政令不壹令尹賤於所類也下皆賤同
陳整旅敦厚也陳直觀
楚所不意吳子以罪人三千先犯胡沈與陳以示不整
忌晦戰擊邪切下未陳同四徒不習戰三國
諸侯乖亂楚必大奔請先者去備薄威誘之以不整以起昌
若分師先以犯胡沈與陳必先奔三國敗諸侯之師乃搖心矣
役而不同心七國同沈蓬越許蔡疾楚政令
師賤而頑壯而頑蔡壯而頑頓與許蔡疾楚政今七國同
常重切囷未陳大夫壽壯而頑壯疾楚政楚令尹死其師燆無往
之日作事威克其愛雖小必濟克勝也軍胡沈之君幼而狂往
奔命救州來吳人禦諸鍾離子瑕卒楚師燆及諸侯之師吳公子光
胡沈之君幼而狂陳大夫齧壯而頑頓與許蔡疾

遂越追之不及將死皋曰請遂伐吳以徼之堯切要其勝貧徹切古

遂越曰再敗君師死且有罪堯切此年秋敗於雞父設

以莫之死也乃縊於遂濫賜之遂濫楚地古制切一○公為叔孫故如晉

又何有疾而復此年春晉人執叔孫故公如晉以市制切

為今尹也代陽匄為郎人執叔孫故公如晉以

餘政切又沈尹戌曰子常必亡郢苟不能衛城無益也古者天子

牛在四夷其次守在諸侯諸侯守在四

守在四夷德又遠乎同手又天子甲守在諸侯損政諸侯守在四

而又無外懼國為用城今吳是懼而城於郢守巳小矣古者天子

于春為助鄰之守諸侯甲守在四竟裁其四援其四

國為之守裁自字竟音境惕其四竟結其四援鄰之

民狎其野押安晉戶甲切三務成功民無內憂

力軌切居良切場音亦圃棄其上不亡何待夫正其疆場修其土田險其走集

親其民人明其伍候相為候望信其鄰國

慎其官守守其交禮交接之禮不僭不貪不懦不耆懦弱切懦子念切乃

亂切又乃即切字其守備以待不虞又何畏矣詩曰無念爾

巨支切又直支切者念詩大雅無念念也言述其德以義取之

祖聿修厥德念祖考則述治其德以義取無亦監乎若敖蚡

冒至于武文四君皆先君之賢者莫報之千里為百里為一

慎其四竟猶不城郢今土數圻而郢是城不亦

祈慎其四竟猶不城郢今土數圻

難乎言守若是難以為安也

經二十有四年春王二月丙戌仲孫貜卒俱縛切徐俱碧切○

始至自晉喜得赦歸故書至無傳孟僖子也普

婼至五月乙未朔日有食之○秋八月大

雩○丁酉杞伯鬱釐卒無傳未同盟而赴以名丁酉九月五日

又○冬吳滅巢楚邑也滅用大師○葬杞平公傳

傳二十四年春王正月辛丑召簡公南宮囂以甘桓公見王子

朝子捆公之子召伯盈也囂南宮極之子魚巾切圖本又作蘗力之

功叔○來魚簡公召莊公之子劉子謂萇弘曰甘

氏又往矣萇弘周大夫對曰何害同德度義義子朝不能於我無害圖待洛

大誓曰紂有億兆夷人亦有離德言紂衆雖億兆兼有四夷不

者取其玉將賣之則為石王定而獻之而獻之本武作拘得玉定之

河上趚出水陰不侫以溫人南侵子朝以溫人侵王南侵王大夫敬王南

用成周之寶珪于河沈于河沈直蔡切河本或字作甲戌津人得諸

傅年會黃父音甫○秋八月大雩旱也叔孫之言終如叔之言○冬十月癸酉王子朝

耻也獻子懼而與宣子圖之韓起乃徵會期以明年

僭何知焉吾子其早圖之詩曰瓶之罄矣惟罍之恥大器鉼小詩小雅小

蠹蠹焉本又作蠹蠹動搖皃而小本又作動焉吾小國懼矣然大國之憂也吾

切本又有蟲力之切而憂宗周之隕為將及焉恐禍及己于敏切王室實

及王室抑人亦有言曰老夫其國家不能恤敢

叔相見范獻子獻子曰若王室何對曰老夫其國家不能恤敢

之師攻瑕及杏皆遺報杏孟敬王邑户加切户內切○鄭伯如晉子大

陽不克莫將積聚也積聚陽氣莫燕不動乃將○六月壬申王子朝

<!-- 中央の欄 -->

分而陽猶不克必甚能無旱乎陽將猥出陰將為旱

月乙未朝日有食之梓愼曰將水陰勝陽水日將

晉人乃辭王子朝不納其使昭子曰旱也日過

使彌牟逆叔孫于箕而歸二月婼至自晉算晉也

以為盟主之故是以父子以謝邦子不腆敝邑之禮將致諸從者

之叔孫使梁其踁待于門內迎叔孫家曰余左顧而欬乃殺

此周所以與君其務德無患無人戊午王子朝入于郚

力於余有亂臣十人同心同德武王言我有治臣十人難此此語

切大誓曰紂有億兆夷人亦有離德言紂衆雖億兆兼有四夷不

與之東鄙　喜得玉故與之邑肇縣西
略行也行吳界將侵是也　居良切下同
而勞之吳不動而速之也　報切下孟切下同

○楚子為舟師以略吳疆
沈尹戌曰此行也楚必亡邑不撫民
之始於此在矣王壹動而亡二姓之帥也
之邊人不備遂滅巢及鍾離而還
是而不及郢詩曰誰生厲階至今為梗
其王之謂乎　為入郢傳　為定四年

經二十有五年春叔孫婼如宋○夏叔詣會晉趙鞅宋樂大心
衛北宮喜鄭游吉曹人邾人滕人薛人小邾人于黃父
有鸜鵒來巢
秋七月上辛大雩季辛又雩
九月己亥公孫于齊次于陽州
齊侯唁公于野井
冬十月戊辰叔孫婼卒
十有一月己亥宋公佐卒于曲棘
十有二月齊侯取鄆

傳二十五年春叔孫婼聘于宋桐門右師見之
宋大夫而賎司城氏
昭子告其人曰右師
其亡乎君子貴其身而後能及人是以有禮
夫子卑其大夫而賎其宗是賎其身也能有禮乎
必亡○大心出奔宋公享昭子賦新宮
昭子賦車轄
明日宴飲酒樂宋公
女故賦之○
得賢女以配君子

越公子倉歸王乘舟及圍陽而還
楚夢帥師從王
壽夢帥師從王

璞注山海經云鸜
鵒鸜鵒也　音欲
有鸜鵒來巢

使昭子右坐⓪佐⓪退⓪物⓪

馬對曰是儀也非禮也簡子曰敢問何謂禮對曰吉也聞諸先
大夫子產曰夫禮天之經也經者道也常者地之義也義者利民之行
也行者人所履天地之經而民實則之則天之明也明天日星辰也因
地之性地高下剛柔生其六氣謂陰陽風雨晦明用其五行火水金木土氣爲
五味苦甘酸鹹辛發爲五色青黃赤白黑兩海明發見見賢遍見同章爲
五聲淫則昏亂民失其性過則傷性色聲是故爲禮以奉之奉其性制禮以
張里切淫則昏亂民失其性同章爲也故爲禮以奉五聲言商角徵羽作云悲切三懲
爲六畜馬牛羊雞犬豕以奉五味爲九文若草華蟲火龍藻粉米黻黼若華若華亦作麋火畫
者宗廟之儀也若山龍藻華蟲藻水草火粉米黻黼畫之事雜用天地四
地之性若草華蟲藻水草火畫續之事雜用天地四時之青與赤謂之文赤與白謂之
未鼲告切相次對切謂之五章章爲九歌八風七音六律以奉五聲見解
龍鼲鼲昭昭其文也五色備謂之繡此九章以黃青與赤謂之文赤與白謂之
之六色皆謂戶根切謂之五章章爲九歌八風七音六律以奉五聲
立之繡音甫傳曰火方之色青與黑謂之黼黼黑與青謂之
五章又楷六切爲君上下以則地義地有尊卑高下爲夫婦外內以經二
二十章成五色之用爲君臣上下以則地義法地有尊卑高下爲夫婦外內以經二

年爲君臣上下以則地義法地有尊卑高下爲夫婦外內以經二
物內各治其物爲父子兄弟姑姊甥舅昏媾姻亞以象天明親六
夫治外婦治其物爲父子兄弟姑姊甥舅昏媾姻亞以象天明親六

民有好惡、喜怒、哀樂，生于六氣。是故審則宜類，以制六志。哀樂不失，乃能協于天地之性，是以長久。

簡子曰：甚哉，禮之大也。

對曰：禮，上下之紀，天地之經緯也，民之所以生也，是以先王尚之。故人之能自曲直以赴禮者，謂之成人。大，不亦宜乎。

簡子曰：善哉，吾聞此言也。

為政事、庸力、行務，以從四時。為刑罰、威獄，使民畏忌，以類其震曜殺戮。為溫慈、惠和，以效天之生殖長育。

宋樂大心曰：我不輸粟，我於周為客。若之何使客。晉士伯曰：自踐土以來，宋何役之不會，而何盟之不同。子儗王室而不共恤王室，子焉得辟之。子奉君命以使，而欲背盟以干盟。主無乃不可乎。右師不敢對，受牒而退。

士伯告簡子曰：宋右師必亡。奉君命以使，而欲背盟以干盟，臣必致死。

會大事而宋背盟，無乃不可乎。

晉趙鞅、荀寅帥師城汝濱。

二王後為賓客。

鸜鵒來巢。書所無也。師已曰：異哉，吾聞文、成之世童謠有之，曰：鸜鵒之巢，遠哉遙遙。稠父喪勞，宋父以驕。鸜鵒鸜鵒，往歌來哭。童謠有是，今鸜鵒來巢，其將及乎。

妻於齊鮑文子，生甲。○公鳥亥之兄公鳥。○秋，書再雩，旱甚也。○初，季公鳥娶妻於齊，鮑文子生甲。○公鳥與公

思展與公鳥之臣申夜姑相其室　及季姒與饔人檀通

列切漏洩也　與聞命矣言若洩臣不獲死乃館於公　君徽幸事若不免君受其名　可勸告子家懿伯　遍　戈以懼之乃走又使言公曰非小人之所及也　氏公為告公果公貴使　侍人僚柤告公寢將以戈擊之乃走公曰執之　平子公若獻弓於公為　切藏孫曰此之謂不能庸先君之廟　老將禘於襄公萬者二人其衆萬於季氏

為讒於藏氏而逃於季氏藏氏執旆平子怒拘臧氏　邱氏為之金距平子怒　且讓之　益宮於邱氏　請平子使豎勿內日中不得請有司逆命　切公之使速殺之故公若怨平子季邱之雞　一秦姬以告公之　日展與夜姑將殺之公若泣而哀之曰殺余也將為之　卜而執夜姑殺之公若亦怒是殺余也將為之

月戊戌伐季氏殺公之于門遂入之平子登臺而請曰君不察

臣之罪使有司討臣以干戈臣請待於沂上以察罪弗許

有沂水平子欲出城待罪也大沂水自南出蓋縣南至下邳入泗 魚依切

請囚于費弗許請以五乘

亡弗許子家子曰君其許之政自之出久矣隱民多取食焉

為之徒者衆矣曰入惡而出父隱民將生心生心同求將合

蘊畜民民將生心生心同求將合 蘊本亦作緼於粉切蓄本又作畜 善畜也勑六切

繩繼紉也 讇本亦作諂丑廉切 窮田囚攢其所助又奇又切 田魚切

悔之弗聽郈孫曰必殺之公使郈孫逆孟懿子 叔孫氏

之司馬戲戾言於其衆曰若之何莫對

家臣也不敢知國且有季氏與無季氏於我孰利皆曰無

叔孫氏戲戾曰然則救諸師徒以往陷西北隅以入

没之陷公徒釋甲執冰而踞 言無戰心也冰犢丸蓋或作堋其蓋可以原飲云

孫如墓謀謀所奔辭先君且

公于平陰公先至于野井齊侯曰寡人之罪也使有司待于平

陰為近故也陰齊侯過魯侯至野井逆自遠見迎

書曰公孫于齊次于陽州齊侯唁公于野井

禮也將求於人則先下之禮之善物也野井物事也謂先往至齊侯

曰自莒疆以西請致千社二十五家為社千社二萬五千家欲以給公

之憂也公喜子家子曰天祿不再天若胙君不過周公以魯足

矣失魯而以千社為臣誰與之立 為齊臣也

命待君命也辭伐季命如齊

早之晉弗從臧昭伯率從者將盟載書曰戮力壹心好惡同之

季氏見叔孫氏之甲昭伯殺之于南門之遂

伐公徒子家子曰諸臣偽劫君者而貪罪以出君止本意者非君

自可止意如之事君也不敢不改平意如子名季公曰余不忍也與臧

公于陽州齊侯曰寡人之罪也使有司待于平

日公孫次于陽州齊侯唁公于野井

命是聽君之憂寡人

之憂也公喜子家子曰天祿不再天若胙君不過周公以魯足

且齊君無信不如

展將以公乘馬而歸公徒執之

申尹文公涉于萆焚東萆弗克

月宋元公為公故如晉請

平公服而相之

父兄

首領以沒唯是楄柎所以藉幹者

又

之故私降昵宴羣臣弗敢知

國之法死生之度先君有命矣羣臣以死守之弗敢失隊臣之

失職常刑不赦臣不忍其死君命祗辱

宋公遂行已亥卒于曲棘

○初臧昭伯如晉會禱竊其寶龜僂句

郈魴人自郈取以出居郈

信罪之有無

齊於其寢使祝宗祈死戊辰卒

自鑄歸

昭子請歸

眾

執之

謂生死而肉骨也

子孫不忘不亦傷乎

平子稽顙曰子若我何

而守馬乃不與盟

同也陷君於難

通外內且欲去君

不使不能與二三子同心而以為皆有罪

公徒將殺昭子伏諸道伏兵

公與昭子言於幄內昭子言

平子有異志

公將安眾而納公

昭子如公

二三子好二而惡定馬可

冬十月辛酉昭子

齊侯

卜為信與僭僭吉

以卜為信與僭僭吉

老將如晉問問起居會請往代行家昭伯問家故盡對故事又
子與母弟叔孫則不對對若有他故又內
逆問又如初對至次於外而察之皆無之執而戮之逸奔郈又再三問不對歸及郈會
郈鮒假使為賈正焉正掌貨物使有常價若市吏賈音身
嫁計於季氏送計簿於季氏
桐汝里名
隼汝又音兄食
何故以兵入吾門拘臧氏老季臧有惡相惡又昭伯從公平子
立臧會臧氏使立後會臧立以為卜筮由人之
射城州屈復茆人焉蓬復茆其也居城丘皇遷遺以
使熊相禖郭巢季然郭巷使二大夫為巢巷葉郭也居
民必憂憂憂將又王弗能久矣為明年楚子居卒傳
會出逐之反奔季氏執諸季氏中門之外平子怒曰
藏氏使五人以戈楯伏諸桐汝之間
子大叔聞之曰楚王將死矣使民不安其土
傳二十六年春王正月庚申齊侯取鄆發傳者為公處鄆起
故言氏書言季奔在王入下者乃以告諸侯
成周傳言在前者子朝來告也尹氏誤召伯經誤尹召王入
丁鄆傳無
九月庚申楚子居卒
尹氏召伯毛伯以王子朝奔楚
居子鄆夏公圍成孟氏邑不書齊師帥臧
莒子邾子杞伯盟于鄲陵市鄲陵地關
葬宋元公如先君禮也命以合禮違宋人遷
從女賈魯地也外故書至於境
一如瑱藏充耳轉卷也
人高齕齕梁丘據家臣
鰆以錦示子猶欲之鰆曰魯人買之百兩一布以道之不
我行貨於子猶十六卦凡八千斛魚羊主切
經二十有六年春王正月葬宋元公葬速而三月公至自齊
三月公至自齊
夏齊侯將納公命無受魯貨申豐
能貨子猶為高氏後粟五千庚能言若
人高齕齕謂子猶之適齊師謂子猶之
從女賈氏家臣二人甚直轉卷他殿切
魯地也外故書至
夏齊侯將納公命無受魯貨申豐
能貨子猶為高氏後粟五千庚能言若
三月公至自齊處于鄲言
冬十月天王入于成周
秋公會齊侯
公至自會居

通先入幣財　子猶受之言於齊侯曰羣臣

不盡力于魯君者非不能事君也

據有異焉　宋元公為魯君如晉卒於曲棘叔孫昭子求納

其君無疾而死不知天之棄魯耶抑魯君有罪於鬼神故及此

也君若待于曲棘使羣臣從魯君以卜焉若可師有濟

鉏師師從公　成若其無成君無辱焉為齊侯從之使公子

也請我受師許之　成大夫公孫朝謂平子曰有都以衛國

請息肩于齊　　成人伐齊師成人之

失告於齊師曰孟氏魯之敝室也　請納質

飲馬于淄者曰將以厭衆　魯成備而後告曰不勝衆

師又齊師戰于炊鼻則不書

聲子　射之中楯瓦

子　縣胸狄輠而入者三寸入

殖　車曰齊人也

使人射子車曰眾可懼也而不可怒也

子車曰軍無私怒報私也將擊子車

夫野洩曰實昌

餘人射子車射之殪從野洩此

子　復此之

很　亦此之

陳武子中手

白晳鬢眉　平子曰必子彊也無刀刀諸

顏鳴右下

阮鳴去之

八左二十五

射之中楯

十三

林雍斷其足鑿而乘於他車以歸（鑿一足行）（丁管切）顏鳴三入齊師呼曰林雍乘（說文云芳弗切又父切勿念切）（又苦頂切魯人棄於季氏不以字林立貞切）（火故切繩證切而相）

○四月單子如晉告急五月戊午劉人敗王城之師于尸氏（尸氏周地在鞏縣西南）戊辰王城人劉人戰于施谷劉師敗績（施谷周地）

秋盟于鄟陵謀納公也（鄟陵地）王城人焚劉（劉劉子邑在緱氏縣西北）

○七月己巳劉子以王出庚午次于渠（渠周地）王城人焚劉丙子王宿于褚氏（褚氏洛陽縣南有褚氏亭）丁丑王次于萑谷（萑谷周地）庚辰王入于胥靡（胥靡地名又作盬）辛巳王次于滑（滑地名在緱氏）晉知躒趙鞅帥師納王（知音智躒音歷趙本晉卿）使女寬守闕塞（闕塞洛陽西南伊闕口本又作闕口皆周大夫）

○九月楚平王卒令尹子常欲立子西（子西常欲立之）

西建實聘之子西長而好善立長則順建善則治王不（言王子建善立長立善則國治可不務乎）

務平子西怒曰是亂國而惡君王也（言亂楚國而惡君王之惡也）

曰太子壬弱其母非適也（王壬即昭王也適丁歷切下同）王有適嗣不可亂也（外援秦也瀆慢也王諫切）

國有外援不可瀆也（外援秦也瀆慢也）速讎討是（不立壬秦將來亂也武諫切）亂嗣不祥我受其名（不立嫡我受其惡名略吾以天下吾）滋不從也（益也路音路）楚國何為必殺令尹懼乃立昭王（起發也）

○冬十月丙申王起師于滑辛丑在郊遂次于尸（郊朝子邑十）

一月辛酉晉師克鞏（知躒趙鞅之師）召伯盈逐王子朝（晉師克鞏知召子朝）（辛丑在郊遂次于尸十）

之典籍以奔楚（朝不成更逆薇王逐王子朝及召氏之族毛伯得尹氏固南宮嚚奉周）之典籍以奔楚（朝名皆周卿士重見尹固名者為後還殺故稱氏賢之也嚚魚巾切）

陰忌奔莒以叛（陰忌王子朝黨莒子朝邑）召伯逆王于尸及劉子單子盟（召伯逆王于尸及劉子單子盟新還）（召子朝黨知子朝克鞏子單子盟大夫）

逐軍圍澤次于堤上（堤上皆周地上呂切澤周地音低或音啼）晉師使成公般戍周而還（般音班戍晉師還）癸酉王入于成周

周洛陽今甲戌盟于襄宮（襄王廟）王子朝使告于諸侯曰（朝邑）

班（音班）十二月癸未王入于莊宮（莊宮在王城王城宮）

昔武王克商成王靖四方康王息民並建母弟以蕃屏周亦曰（不敢專故建母弟亦作藩且為後人之迷敗傾覆）

吾無專享其文武之功（方元切亦作藩且為後人之迷敗傾覆）

（左二十五）
（十四）

而溺入于難則振救之至于夷王愆于厥身

王屬王父也一服乃歷切溺乃歷切起虎切振舉也愆過也覆芳救切

諸侯莫不並走其望以祈王身至于厲王王心戾虐萬民弗忍居王于彘

諸侯莫不並走其望以祈王身至于厲王王心戾虐萬民弗忍居王于彘戾郎計切彘直例切

宣王屬王政宣王庶王子靖間厲之亂也間廁之間下同宣王能治之如今之諸侯釋

官長之教授也

位以間王政事間廁之間王嗣用遷郊鄅位順乃理也

而建王嗣用遷郊鄅攜王奸命諸侯替之立王大子宜臼是為平王幽王嬖褒姒生子伯服而廢大子宜臼宜臼奔申申侯與鄅及西戎伐幽王幽王死於戲申侯與魯侯及許文公立大子於申是為平王攜王奸命諸侯替之

弔周王昏不若用懲厥位

弔周王昏不若用懲厥位宣王也詩周頌照王之愆昏不若懲創也懲創之至于幽王天不

至于幽王天不

惠王天不靖周生頹禍心施于叔帶惠王夷王孫想惠王適子莊王十九年作亂惠王奔鄅惠王弟作難王子頹二十四年叔帶作難襄王惠王處也

則是兄弟之能用力於王室也至于

則有晉鄭咸黜不端不端王頹頹為王也黜去也

惠襄辟難越去王都惠王叔帶難越去王都平王惠王

以綏定王家則是兄弟之能率先王之命也在定王

以綏定王家則是兄弟之能率先王之命也在定王

六年秦人降妖定王六年魯宣八年本又作誠

曰周其有頹王亦克能修其職諸侯服享二世共職景間王位謂莊王靈

王室其有間王位諸侯不圖而受其亂災間王位謂子朝以子朝為亂也至于靈王生而有頹王生而有頹謂靈王也景王靈王子定王孫

至于靈王生而有頹王靈王子今王室亂單謂先王何

旗劉狄剝亂天下壹行不若單旗穆公也劉狄劉釜謂先王何不弔之人也

其神聖無惡於諸侯靈王景王克終其世景王子

常之有無常法唯余心所命其誰敢討之帥羣不弔之人

如字舊丁歷切歷肆以行亂于王室侵欲無厭規求無度貫瀆鬼神

王晉為不道是攝是贊愼棄刑法倍奸齊盟傲很威儀矯誣先

其周極放兹不穀震盪播越竄在荊蠻

順天法無助狄狷以從先王之命毋速天罰赦圖不穀而圖其

黨字林七外切亂切未有攸底至也宅音旨若我一二兄弟甥舅獎

難[⼩字]滑于八切[⼩字]又作

則所願也敢盡布其腹心及先

王之經而諸侯實深圖之昔先王之命曰王后無適則擇立長

年鈞以德德鈞以卜[⼩字]此所謂先王之

制也穆后及大子壽早夭即世[⼩字]單劉贄私立少以間先王

王之制亦唯伯仲叔季圖之[⼩字]伯仲叔季謂諸侯閔馬父聞子朝之辭曰

文辭以行禮也子朝干景之命遠晉之大以專其志無禮甚矣

文辭何為[⼩字]傳終王室亂[⼩字]立齊有彗星[⼩字]晏子曰無益也祇取誣焉

齊侯使禳之[⼩字][⼩字]君無違德方國將至

何患於彗詩曰我無所監夏后及商用亂之故民卒流亡[⼩字]逸詩言

此文王小心翼翼昭事上帝聿懷多福厥德不回以受方國[⼩字]大詩

也以除穢也君無穢德又何禳焉若德之穢禳之何損詩曰惟

天道不謟[⼩字]作慝[⼩字]不貳其命若之何禳之且天之有彗

齊侯何為[⼩字]出齊之分野不書不見[⼩字]

[⼩字]追監夏商之云皆[⼩字]以亂故[⼩字]

說乃止[⼩字]齊侯與晏子坐于路寢公歎曰美哉室其誰有

此乎[⼩字]對曰如君之言其陳氏乎陳氏雖無大德而有施於民豆區釜

鍾之數其取之公也薄其施之民也厚[⼩字]

與女式歌且舞[⼩字]欲歌舞之式用也[⼩字]陳氏之

施民歌舞之矣後世若少惰陳氏而不亡則國其國也已公曰

善哉是可若何對曰唯禮可以已之在禮家施不及國民不遷

農不移工賈不變[⼩字]士不濫官不失職[⼩字]公曰善哉我

不能矣吾今而後知禮之可以為國也對曰禮之可以為國也

又矣與天地並[⼩字]君令臣共父慈子孝兄愛弟敬夫和

妻柔姑慈婦聽禮也君令而不違臣共而不貳父慈而敎子孝

而箴〔箴諫也〕兄愛而友弟敬而順夫和而義妻柔而正姑

慈而從〔從自專不〕婦聽而婉〔婉順也〕禮之善物也公曰善哉寡人

今而後聞此禮之上也對曰先王所禀於天地以爲其民也是

以先王上之〔禀受也〕

父老玉孫公　傳曰

今在號聞北齊夫人十五權得天曲父為其月為具

恭而獨恭非恭作雖作薇收雖為

恭而發薇稿而音　節而齊人善邸曲公曰善始寒人

五發薇稿也　只宴在失衆薇作而薇薇來作五故

薇來故苾薇稿薺弁衣命在不轂曰共而下貞父恭作薇十卄

經二十有七年春公如齊（自鄆行）公至自齊居于鄆。夏四
月吳弒其君僚（僚在位二十年故書罪在僚也）
楚殺其大夫郤宛
滕人會于扈（之會無傳故書鄆人）。秋晉士鞅宋樂祁犁衛北宮喜曹人邾人
滕人會于扈。冬十月曹伯午卒（無傳未同盟而赴以名）。公如齊。公至自齊

居于鄆傳無

傳二十七年春公如齊公至自齊處于鄆言在外也（在外邑故書地）
其子欲因楚喪而代之，平王卒。使公子掩餘公子燭庸帥師圍
潛（盧江六縣西南有潛城）使延州來季子聘于上國（季子
延州來後復封于延州來故曰延州來）遂聘于晉以觀諸侯
楚莠尹然工尹
麇帥師救潛（二尹楚官。麇其名）左司馬沈尹戌帥都君子與
王馬之屬以濟師。蘪帥師救潛。左尹郤宛工尹壽師至于潛吳師不能退
子光曰此時也弗可失也（言楚師在外國同）告鱄設諸曰
上國有言曰不索何獲我王嗣也吾欲求之事若克季子雖至不吾廢也
鱄設諸曰王可弒也母老子弱是無若我何
光曰我爾身也（言我身猶爾身也）夏四月光伏甲於堀室而享王
王使甲坐於道及其門門階戶席
皆王親也夾之以鈹（鈹劒也）羞者獻體改服於門外執羞者坐行而入執鈹者夾承之
體以相授也（以所食授王）光偽足疾入于堀室（恐難作王黨知之
說文云劒削）鱄設諸置劒於魚中以進抽劒刺王鈹交於胸

轉設諸寘劍於魚中以進 章夾切 全魚綾○ 鱄
遂弒王闔廬以其子爲卿 闔廬吳王也以 鱄諸子爲卿
亦切 無廢祀民人無廢主社稷有奉國家無傾乃吾君也吾誰敢怨
哀死事生以待天命非我生亂立者從之先人之道也 吳以下諸君

尹子常賄而信讒鄢宛直而和國人說之 鄢宛楚左領而和國人之君事
無極曰令尹好甲兵子出之吾擇焉 澤取以進子惡令尹欲飲酒於子氏子惡曰我職人也何以
鄢將師爲右領 晚右領官名又烏戶切 與費無極比而惡之令
位而待光復本位 命吳公子掩餘徐公子燭庸奔鍾吾 鍾吾小國於賀使使復
聞吳亂而還 亂明鄢鄢之君事 遂命哭墓復命於賀焉

兵曰寘諸門令尹至必觀之而從以酬之 極辭也及饗日惟諸門
左 兵其中無極謂令尹曰吾幾禍子惡將爲子不利甲在

門矣子必無往且此役也 此春晉潛之吳可以得志子惡取路略
馬而還又誤羣帥使退其師曰乘亂不祥吳乘我喪我乘其亂
不亦可乎令尹使視鄢氏則有甲焉不往召鄢將師而告之
兵將害己將師退遂令攻鄢氏且藝之鄢聞之如鄢燒
自殺也國人弗藝令曰不藝鄢氏與之同罪或取一編菅焉
取一秉稈焉國人投之遂弗藝令尹炮之

盡滅鄢氏之族黨殺陽令終與其弟宇及佗
彭交切 與晉陳及其子弟 皆鄢氏黨晉陳楚大夫
於國曰鄢氏費氏自以爲王專禍楚國弱寡王室蒙王與令尹
以自利也 令尹病之
本極張○秋會于扈令戌周且謀納公也宋衛皆利納公固請之

范獻子取貨於季孫謂司城子梁與北官貞子
曰季孫未知其罪而君代之請四請乎於是乎不獲君又弗克
而自出也夫豈無備而能出君乎季氏之復天救之也休息
公徒之怒也而啓叔孫氏之心不然豈其伐人而說甲執冰
以游叔孫氏懼禍之濫而自同於季氏之道也魯君守齊三
年而無成死季氏甚得其民淮夷與之淮夷魯東夷也
有齊楚之援齊雖在齊宣亦不致力
列國之權宣用也他活切　有天之贊有民之助有堅守之心有
圍魯無成死之二子皆圖國者也而欲納魯君鞅以難復請從二子以
子陽虎伐鄆陽虎季氏家臣伐鄆欲奪公鄆人將戰子家子曰天命不慆久
吳怕疑他以言棄君　使君二者必此衆也與魯戰必敗天既禍
之而自福也不亦難乎猶有鬼神此必敗也嗚呼爲無望也夫
其死於此乎公使子家子如晉公徒敗于且知音姑近　且知
　近附近　楚郤宛之難國言未已進胙者莫不諧今尹　在餘祈切國
同側慮切故訓乃且切年末　沈尹戌言於子常曰夫左尹與中厩
朝如字下朝夕同　出蔡侯朱一年喪太子建殺連尹奢
息浪切　屏王之耳目使不聰明不然平王之溫惠共儉有過成
九又切戍也或之仁者殺人以掩謗猶弗爲也今吾子殺人以
尹莫知其罪而子殺之以興謗讒至于今不已
與謗而弗圖不亦異乎夫無極楚之讒人也民莫不知去朝吳
在十五年因　楚之讒人也　今又殺三不
辛以興大謗陽氏晉陳氏幾及子矣子而不圖將焉用之夫邸
莊無不及爲所以不獲諸侯遠遇無極也　今又殺三不
將師矯子之命以滅三族國之良也而不愆位　在位無愆過
於虛切居表　新有君立也新疆場日駭楚國若有大事子其
危哉知者除讒以自安也今子愛讒以自危也甚矣其惑也子

常曰是死之罪敢不良圖九月巳未子常殺費無極與鄢將師

盡滅其族以說于國謗言乃止○冬公如齊齊侯請饗之禮

居良切，亦饒音智○子家子曰朝夕立於其朝又何饗焉其飲酒也刀

飲酒使宰獻而請安○子家子曰吾子重見子仲之子曰請使重見從宴蝶子家

子刀以君出夫人齊○十二月晉籍秦致諸侯之戊于周魯人辭

以難經所以不書成子寧卒而無赴以名○六月葬鄭定公無傳速三月而葬緩

傳二十八年春公如晉將如乾侯故齊侯適晉

子家子曰有求於

經二十有八年春王三月葬曹悼公○夏四月丙戌鄭伯寧卒○秋七月癸巳滕

人而即其安人乾矜之其造於竟待命圃七報切弗聽使請逆

於晉晉人曰天禍魯國君淹恤在外君亦不使一个厚在寡人

室切○二子祁盈家臣也祁家舊臣名在司寇烏戶切在司寇烏戶切○晉祁勝與鄔臧通

竟而後逆之所以見乾侯也言公不能用子家之言略于家而即安於甥舅其亦使逆君亦使公復于

之子祁午訪於司馬叔游叔游司馬彌牟也○祁盈將執

即太原縣也鄔臧司寇祁氏邑為七縣為氏麻切叔游曰鄭書有之惡直醜

不免說勝詩曰民之多辟無自立辟詩大雅多亦無道立矣子懼

正實蕃有徒徒眾切如書名也正直實害者也○祁盈將執

姑巳若何已止也盈曰祁氏私有討國何有焉國事也將執祁盈兵

遂執之祁勝賂荀躒荀躒為之言於晉侯晉侯執祁盈共以其專

女偽祁盈之臣曰鈞將皆死，以為快。乃殺之。夏六月，晉殺祁盈及楊食我。食我，祁盈之黨也，而助亂，故殺之。遂滅祁氏、羊舌氏。

初，叔向欲娶於申公巫臣氏，其母欲娶其黨。叔向曰：吾母多而庶鮮，吾懲舅氏矣。其母曰：子靈之妻殺三夫、一君、一子，而亡一國、兩卿矣，可無懲乎？吾聞之，甚美必有甚惡。是鄭穆少妃姚子之子，子貉之妹也。子貉早死，無後，而天鍾美於是，將必以是大有敗也。昔有仍氏生女，黰黑，而甚美，光可以鑒，名曰玄妻。樂正后夔取之，生伯封，實有豕心，貪惏無饜，忿纇無期，謂之封豕。有窮后羿滅之，夔是以不祀。且三代之亡、共子之廢，皆是物也。女何以為哉？夫有尤物，足以移人。苟非德義，則必有禍。叔向懼，不敢取。平公強使取之，生伯石。伯石始生，子容之母走謁諸姑曰：長叔姒生男。姑視之。及堂，聞其聲而還，曰：是豺狼之聲也。狼子野心。非是，莫喪羊舌氏矣。遂弗視。

秋，晉韓宣子卒，魏獻子為政。分祁氏之田以為七縣，分羊舌氏之田以為三縣。司馬彌牟為鄔大夫，賈辛為祁大夫，司馬

烏為平陵大夫魏戊為梗陽大夫（戊魏舒庶子梗陽在太
原晉陽縣南戊音茂）知徐
吾為塗水大夫（塗音智又徐利切吾知徐
固韓起孫韓固為孟丙為孟大夫（資利切又如字
起韓趙勝曾孫孟丙）樂霄為
平陽大夫（朝趙勝曾孫原縣樂霄
平陽大夫）魏戊樂霄為銅鞮大夫（縣上黨
平陽）韓固為馬首大夫趙朝為

司馬烏為有力於王室（魏子謂成鱄
納二十二年辛力切又力彫切）僚安為楊氏大夫
敬王氏）故舉之謂知徐吾
又市轉晉大夫卿之庶子）僚安為楊氏大夫
轉市晉大夫卿之庶子吾與戊也）故舉之謂知徐吾
者皆受縣而後見於魏子以賢舉也（四人司馬彌牟僚
眾而舉不以私切）魏子謂成鱄
賢遍舉切不失職能守業者也
縣人其以我為黨乎對曰何也（又市
賢遍舉切彼力同也）魏子謂成鱄
不偏同（偏彼力同也）居利思義得
不偏同（偏彼力同也）在約思純心無臨有守心而無
淫行雖與之縣不亦可乎昔武王克商光有天下
兄弟之國者十有五人姬姓之國者四十人皆舉親也夫舉無
他唯善所在親跋一也詩曰唯此文王帝慶其心莫其德音其

　　　　　（左二三六）　　大

德克明克類克長克君王此大國克順克比于文王其
德靡悔既受帝祉施于孫子（詩大雅美文王能王
季丁況切切國于況切注能王同字國祉）
日度其心度（帝度其心）德正應和曰莫（和字
園丁切切）德正應和曰莫（和字靜
勤施無私曰類（施式豉切物得其所又所
施無私曰類（施式豉切）
而從之賞慶刑威曰此比（此方爾切從善也
道之賞慶刑威曰此比）經緯天地曰文（天地曰文
之舉也近文德矣所及其遠哉（遠于萬切
之舉也近文德矣所及其遠哉）
事無悔則動無悔（九德上九曰則使相從音）
往立於堂下一言而善叔向將飲酒間之曰必叛明也
骰蒙惡惡（惡子工切）欲觀叔向從使之收器者應
其言而下執其手以上曰昔賈大夫惡也（賈國之大夫惡所醜
知之而下執其手以上曰昔賈大夫惡也）時掌切下同

妻而美三年不言不笑御以如皋
其妻始笑而言賈大夫曰才之不
不笑夫令子少不廁音顏貌不揚
失子矣言之不可以巳也如故知
是以舉言之不可也仲尼聞魏子之舉也以為義曰近不失
可謂義矣又聞其命賈辛也以為忠
求言配命自求多福忠也
義其命也忠其長有後於晉國乎
斷以獄上T魏子
戈謂閻沒女寬大夫二人魏子之屬
陽人賕莫甚焉吾子必諫皆許諾退朝待於庭
歡何也同辭而對曰或賜二小人酒不夕食
至恐其不足是以歎中置自各將軍食之而有不足
再歎魏子中軍帥故謂之將軍又饋之畢願以小人之
腹為君子之心屬厭而巳屬足也
經二十有九年春公至自乾侯居于鄆以乾侯在
齊侯使高張來唁公唁公張高偃子
高張來唁公夏四月庚子叔詣卒無傳
民逃其上日潰〇秋七月〇冬十月鄆潰
又扶〇公如晉次于乾侯
傳二十九年春公至自乾侯處于鄆齊侯使高張來唁公稱主
君比公於子家子曰齊卑君矣君祇辱焉公如乾
侯冀見所畀故復適齊又適晉〇二月巳卯京師殺召伯盈尹氏固及

二十七年春公自……齐……师……高渠来聘公孙……

○夏四月……卒……○妹十月……军……
高渠来聘公……○公……晋文午……
二十年春公至自……王自……师……

……

原伯魯之子皆不說學也稱伯魯子然尹固之復也二十六年尹固與子
朝俱奔楚而道還奔楚上照切音說音說
而反是夫也其過三歲乎夏五月庚寅王子趙車入于鄲以叛
有婦人遇之周郊尤之曰勸人為禍行則數日
陰不使敗之故叛車子朝之餘也見王殺伯盈等
且從者之衣屨而歸馬而歸馬者賣之平王每歲賈
馬賈買買也列勉切○
賣其馬牛用刃切又其具切
證字繩整而死陰墮死也艷切
古火音飲切
圓公賜公衍羞裘使獻龍輔於齊侯
僑同切子家子曰從者病矣請以食之乃以
下同切其具切
齊侯喜與之陽穀齊邑公衍公為之生也其母偕出舍之公衍
先生公為之母曰相與偕出請與偕告待已共白公衍母出舍之公衍
為生其母先以告公為兄故於陽穀而思於魯曰務人三日公
為此禍也公若謀逐李氏務人公為也始與偕且後生而為兄其誣也火矣乃黜
氏者吾亦聞之而不知其故是何謂也對曰昔有颺叔安國也對曰二
古者畜龍故國有豢龍氏有御龍氏豢音患御音訝
之知信乎對曰人實不知非龍實知言龍無知人不知之耳
子問於蔡墨曰吾聞之蟲莫知於龍以其不生得也謂
之而以公衍為大子○秋龍見于絳郊絳晉國都夕見龍夕見同魏獻
有裔子曰董父為豢遠也主孫之刃制切以服事帝舜帝賜之姓
其後欲以飲食之龍多歸之乃擾畜龍以服事帝舜帝賜之姓
叔力力切
封諸鬷川鬷夷氏其後也姓颺水上夷氏皆董也故帝舜氏
世有畜龍及有夏孔甲擾于有帝孔甲少康之後有雄雌
則以官氏氏封順也呼報切下同嗣氏
曰董董音董嗣下不能食飲食時志切於小切
帝賜之乘龍河漢各二各二服云河漢二乘各有雌雄詩
甲不能食而未獲豢龍氏有陶唐氏既衰其後有劉累
夷學擾龍于豢龍氏以事孔甲能飲食之夏后嘉之賜氏曰

御龍〔孔甲〕以更承韋之後

賜氏曰御龍，以更豕韋之後。龍一雌死，潛醢以食夏后。夏后饗之，既而使求之，懼而遷于魯縣，范氏其後也。

獻子曰：今何故無之？對曰：夫物，物有其官，官脩其方，朝夕思之，一日失職，則死及之。失官不食。官宿其業，其物乃至。若泯棄之，物乃坻伏，鬱湮不育。故有五行之官，是謂五官，實列受氏姓，封為上公，祀為貴神。社稷五祀，是尊是奉。木正曰句芒，火正曰祝融，金正曰蓐收，水正曰玄冥，土正曰后土。龍，水物也，水官棄矣。

故龍不生得。不然，周易有之，在乾之姤曰：潛龍勿用。其同人曰：見龍在田。其大有曰：飛龍在天。其夬曰：亢龍有悔。其坤曰：見群龍無首吉。坤之剝曰：龍戰于野。若不朝夕見，誰能物之？

獻子曰：社稷五祀，誰氏之五官也？對曰：少皞氏有四叔，曰重、曰該、曰脩、曰熙，實能金木及水。使重為句芒，該為蓐收，脩及熙為玄冥。世不失職，遂濟窮桑，此其三祀也。

顓頊氏有子曰犁，為祝融；共工氏有子曰句龍，為后土，此其二祀也。

九

此其二祀也后土為社　　　故稷田正也殖也掌播　有烈山氏
之子曰柱為稷　　　　　　稷田正也殖也掌播　周
棄亦為稷既棄周之始祖　自夏以上祀之　　周
〇冬晉趙鞅荀寅師城汝濱　　　　　　蔡墨
〇晉趙鞅荀寅師城汝濱　遂賦晉國一鼓鐵以鑄刑鼎　自商以來祀之　傳言蔡
著范宣子所為刑書焉仲尼曰晉其亡乎
失其度矣夫晉國將守唐叔之所受法度以經緯其民卿大夫
以序守之之次也民是以能尊其貴貴是以能守其業貴賤不愆
所謂度也文公是以作執秩之官為被廬之法
在鼎矣何以尊貴貴何業也貴賤無序何以為國且夫宣子之刑夷之蒐也晉國之亂制也若之何以為法
何以為國且夫宣子之刑夷之蒐也晉國之亂制也若之何以為法
蔡史墨曰范氏中行氏其亡乎中行寅為下卿而干上
令擅作刑器以為國法是姦也又加范氏焉易之三也子刑宣
二月吳滅徐徐子章羽奔楚　　　其又趙氏趙孟與焉然不得已若
二月吳滅徐徐子章羽奔楚　以名告也
疾卒　　名同盟而赴以　　〇秋八月葬晉頃公
經三十年春王正月公在乾侯正不朝于廟　〇夏六月庚辰晉侯去
德可以免禍為定十三年趙鞅荀寅入朝以歌以叛　冬十有
傳三十年春王正月公在乾侯不先書鄆與乾侯非公且徵過
也經不釋朝正之禮者所以非責公之妄且明過謬猶可掩故
謀終不顯書其所在國然自是鄆人潰叛齊晉甲公子蠕
不顯書其所在鄆若公人潰叛齊晉甲公子蠕
送葬魏獻子使士景伯詰之曰悼公之喪子西弗子蠕游吉弔且
十五年居表切　　　今吾子無貳何故
切切居表切

晉君禮也禮也者小事大大字小之謂事大在共其時命小所
求共所...恭下音同字小在恤其所無以敝邑居大國之間共其職貢與其
恭下同音共小在恤其所無以敝邑居大國之間共其職貢與其
備御不虞之患豈忘共命言不敢忘共命以新備御者多先王

之制諸侯之喪士弔大夫送葬唯嘉好聘享三軍之事於是乎
使卿晉之喪事敝邑之間先君有所助執紼矣紼索也禮送
報切閒音閒下同緋悉各切

矣王禮數也禮數先

大國之惠亦慶其加好聘其自行

若其不閒雖士大夫有所不獲數

公在楚我先大夫印段實往敝邑之少卿也
底其情底致也取備而已以為禮也靈王之喪在襄二十九年我先君簡

吏不計恤所無也今大夫曰女盍從舊吉在

有省不知所從從其豐則寡君幼弱是以不共從其省則吉在

此矣唯大夫圖之晉人不能詰傳言大叔之敏

執掩餘使鍾吾人執燭庸年二十七故二公子奔楚楚子大封而定

使監馬尹大心逆吳公子使居養二子奔

其徙其所從之居

其徙大封與土田定使監馬尹大心逆吳公子使居養楚使
逆之於竟也養即所封之邑古衛切音養

之邑古衛切音境莽尹然左司馬沈尹戌城之城音誘養取

於城父與胡田以與之子之地故胡田莽尹然左司馬沈尹戌城之城音誘養取

新得國而親其民視民如子辛苦同之將用之也君吳子西諫曰吳光

使柔服焉猶懼其至至也不與吳同好又甚文將自同於先王先王

以重怒之無乃不可乎柔服謂二公子今而始大比于諸華光又甚

濱不與姬通今而始大比于諸華光又甚文將自同於先王先王

手故切我盡姑億吾鬼神億安也而寧吾族姓以待其歸惡善

封大異姓亦將柞以祚吳乎其終不遠矣言其事行可

復切我盡姑億吾鬼神億安也而寧吾族姓以待其歸惡善

歸之將焉用自播揚焉播揚猶勞動也波賀切王弗聽吳子怒冬十

一月吳子執鍾吾子遂伐徐防山以水之水之

已卯滅徐徐子章禹斷其髮攜其夫人以逆吳子

吳子唁而送之使其邇臣從之遂奔楚也　遇近楚沈尹戌帥師救

徐弗及遂城夷使徐子處之　夷城夷吳子問於伍員曰初而言伐

楚　音云　余知其可也而恐其使余往也又惡人之有余之功

也今余將自有之矣伐楚何如對曰楚執政眾而乖莫適任患

若為三師以肄焉　肆勞也　一師至彼必皆

出彼出則歸彼歸則出楚必道敝　罷皮下同

也亟肆以罷之多方以誤之既罷而後以三軍繼之必大克之閩

盧從之楚於是乎始病　為定四年吳入楚傳

經三十有二年春王正月公在乾侯　季孫意如會晉荀躒于

適歷　秋適歷晉地　適歷　丁歷功又適歷也　○夏四月己巳薛伯穀卒　襄二十五年題

晉侯使荀躒唁公于乾侯　故荀躒使意　重丘○直龍切

○冬黑肱以濫來奔　黑肱邾大夫濫東海昌慮縣不書邾史闕

○十有二月辛亥朔日有食之

傳三十有二年春王正月公在乾侯言不能外內也　公子外不容於

於齊晉所以　晉侯將以師納公范獻子曰若召季孫而不來則

又在乾侯　信不臣矣然後伐之若何晉人召季孫獻子使私焉曰子必來

歷荀躒曰實君使躒謂吾子　故季孫意如會晉荀躒于

其圖之季孫練冠麻衣跣行伏而對曰事君君

臣之所不得也敢逃刑命　君若以先臣之故不絕季氏而賜

四子費以待君之察也亦唯君若以先臣之故不絕季氏而賜

我受其無咎　言我為子受於偽之任季孫意如會晉荀躒於通

歷荀躒曰寡君使躒謂吾子何故出君有君不事周有常刑子

其圖之季孫曰君若弗殺弗亡君若不殺弗亡君之惠也死且不朽若得從

君而歸則固臣之願也敢有異心

夏四月季孫從知伯如乾侯　知伯荀躒以晉侯之命唁公且曰寡君使躒以君命

既復君　一懟之不忍而終身慙乎公曰諾眾曰在一言矣君必逐之荀躒以君命

使晉君必逐之荀躒以君命

計於意如意如不敢逃死君其入也公曰君惠顧先君之好施

又亡人將使歸糞除宗祧以事君則不能見夫人已所能見夫

人者有如何河夫人謂季孫地言見季孫已當受禍明如荀躒

掩耳而走示不聽公所言曰寡君其罪之恐敢與知魯國之難

君怒未怠子姑歸祭君事攝子家子曰君以一乘入于魯師季孫

必與君歸公欲從之眾從者脅公不得歸楚沈尹戌師救潛吳

○薛伯穀卒同盟故書傳經書名地在荀躒入春秋來薛始在下者

師還楚師遷潛於南岡而還吳師圍弦左司馬戌右司馬稽帥

師救弦及豫章吳師還始用子胥之謀也

○冬邾黑肱以濫來奔賤而書名重地故也

曰名之不可不慎也如是夫有所有名而不如其已

地也言雖有名不以地叛雖賤必書地以名其人終為不義弗

可滅巳是故君子動則思禮行則思義不為利回于

不義也齊豹為衛司寇守嗣大夫牛先人嗣言其

年邾黑肱以土地出求食而巳不求其名而必書

書為盜賊求名而不得或求名而不畏彊禦之名邾庶其在襄二十一年莒牟夷五

叛君以徼大利而無名小謂其人也古堯其人盡力之民將實力焉

有名章徹謂得勇難之士將奔走之趣也若艱難其身艱難以險危大人位者齊豹

不義數惡無禮其善志也無事之善者也故曰春秋人名以懲

之稱徹而顯文微其義著婉而辨故曰上之人能

使昭明能行其法非賤人所能

上之人謂在位者善人勤焉淫人懼焉是以君

子貴之○十二月辛亥朔日有食之是夜也趙簡子夢童子羸

而轉以歌又作婉轉也本旦占諸史墨曰吾夢如是今而日食

何也謂終子夢通與日食會故火勝金故弗克

亦弗克釋其墨日月在辰尾庚午之日始有謫火勝金故弗克

庚辰辰月庚辰定四年有變圖以始變妃以始災亦在辰尾周

之十月朝之十月有癸亥故火入郢必以庚辰日月在辰尾龍

在卒亥亥水也入郢必以水數六故六六者金數也金以羊

敢唯吳故知火辰龍辰尾也吳火故弗入郢必以庚辰日以庚午

南方楚也入郢直為火午為火妃以庚午龍尾二月十月也

朝之十九日辛亥去之位者在辛亥日以羊故災

經三十有二年春王正月公在乾侯取闞

師徒圍人誘闞而取之不用

○夏吳伐越○秋七月○冬仲孫何忌會晉韓不信齊

高張宋仲幾衛世叔申鄭國參曹人莒人薛人杞人小邾人城

成周盟時公在外未及告公以國參子之子不書

世叔申世叔儀孫也國參公巳薨圖七月二月巳

末公薨于乾侯日十五

傳三十二年春王正月公在乾侯言不能外內又不能用其人

也其人謂子家羈也言公不能

兵之前雖其人故小於今猶在乾侯

又四十年數不過三十二年越滅吳星至此三十八歲故日

伐之必受其凶國有福吳先用兵故受其殃反受其分也歲在

秋八月王使富辛與石張如晉請城成周

良也○故請城之使也晉請受其

王小畏之故靜都成周以弟必爾圖於王城敬

天子曰天降禍于周俾我兄弟並有亂心以

心以為伯父憂我一二親暱甥舅

舅不皇啓處於今十年閔閔焉如農夫之望歲懼

藉之威至于今今諸侯侯念勞如農夫之望歲復

以待時閔閔憂飢臭望安定伯父若肆大惠復

三文之業弛周室之憂肆展故也二文謂文侯仇文公重徽文

武之福以固盟主宣昭令名則余一人有大願矣昔成王合諸

侯城成周以為東都崇文德焉（成周今洛陽都所以崇文王之德）

今我欲徼福假靈于成王脩成周之城俾戍人無勤諸侯用寧

蠻夷遠屏晉之力也（蠻夷遠屏晉之功也）

之俾我一人無徵怨于百姓（徵召也）

之天子實云欲罷城（罷音皮）

襄序也（序也袁差初也危序于太初命在周命危序於所在）

侯晉國無憂是之不務而又焉從事（韓不信衛彪傒）

京師合諸侯之大夫于狄泉尋盟且令城成周（尋平丘盟）

衛彪傒曰魏子必有大咎干位以令大事非其任也（彪傒衛大夫虎彪傒音皮魏子南面）

韓不信（音伸）

詩大雅言當敬畏天之怒不可遊戲（不敢戲豫敬天之渝不敢馳驅）況敢干位以作

大事乎己丑士彌牟營成周計丈數（彌牟晉大夫計丈數之長）

度厚薄仞溝洫（仞溝洫深曰伊恤切）量事期（時畢）計徒庸以令役

於諸侯屬役賦丈書以授帥（諸侯之大夫皆帥所屬役）而效諸

劉子韓簡子臨之以為成命（劉子韓簡子二卿臨以不書以令諸侯）

十二月公疾徧賜大夫大夫不受賜子家子雙琥一環一璧輕服

受之大夫皆受其賜已未公薨（公薨于乾侯）

家子反賜於府人曰吾不敢逆君命也大夫反賜書曰公薨

塋于乾侯言失其所（不薨於寢所趙簡子問於史墨曰季氏出）

其君而民服焉諸侯與之君死於外而莫之或罪也對曰物生

有兩有三有五有陪貳故天有三辰地有五行（謂有三辰謂有五）

體有在右〔謂有兩〕各有妃耦〔妃音配〕

王有公諸侯有卿皆有貳也

天生季氏以貳魯侯為日久矣民之服焉不亦宜乎魯君世從其失季氏世脩其勤民忘君矣雖死於外其誰矜之社稷無常〔奉奉之無常人言唯德也詩亦本作繼〕奉〔奉從子用切本亦作縱〕君臣無常位自古以然故〔史墨對言故今以實言〕

詩曰高岸為谷深谷為陵〔詩小雅言高下有變易〕三后〔三后之姓於今為庶王〕在易卦雷乘乾曰大壯〔乾為天子震為諸侯而在乾上君臣易位猶若文王天上有雷乘乾故曰雷乘乾〕

所知也

天之道也

也文姜之愛子也始震而卜人謁之曰生有文在其手曰友遂以名之〔昔成季友桓之季嘉名也如字〕既而有大功於公室輔又生如卜人之言有文在其手曰友遂以名之

友遂以名之既而有大功於魯

於文子武子〔文子行父武子宿〕世增其業不廢舊績魯文公薨而東門遂殺適立庶魯君於是乎失國〔失國權門遂殺適立庶宣公而東門襄仲〕政在季氏於此君

也四公矣民不知君何以得國是以為君慎器與名不可以假〔器車服名爵號〕人〔人器車服人名爵號〕

十六

入路車郡

右四公羊傳曰不以其所不知疑其所知器與名不以文疑
門逆姝盍立無舍先其異平夫國大國丁毘之君不圉圉
珠文十左午文十文午宿鎮鐸其業不矣薈晉舍文公后東
文盍文在公固臣在大公太舍鎮公受費必盍王昭至
國昔問其谷臼支雞公率軍又主盍止其手日
一音良間六句一入入公言林文在其年日
四文美公愛七西栔栔床中人路日主床尊臺聞平
天公頴司草窻天午震舎昔先奉支味止夫
天公頴司三頃商間舎午日雷東舎井
洞峽曰三句雷栔佳雷東薿日大也王
栝曰高半雞谷承製十青賢昔舍今盍栔王
栝曰制上開日午永言遞小街言遘古文
奉劍以無舎身由耑雷栔夆其蓬君公谷承小午
其夫奉為半貪舎能日文義兒父朝聽不在王
天主奉為以績賣舎能日文兒父朝聽不在午
　　　　音韻　栔　王舍公精髮彥后亞晉在頄
醫夲在古　　醫在各在為縣　晉哲在頄